Der Islam

Roberto Mancini, Fabrizio Ricciardelli

Der Islam

Aus dem Italienischen
von Nicola Bardola

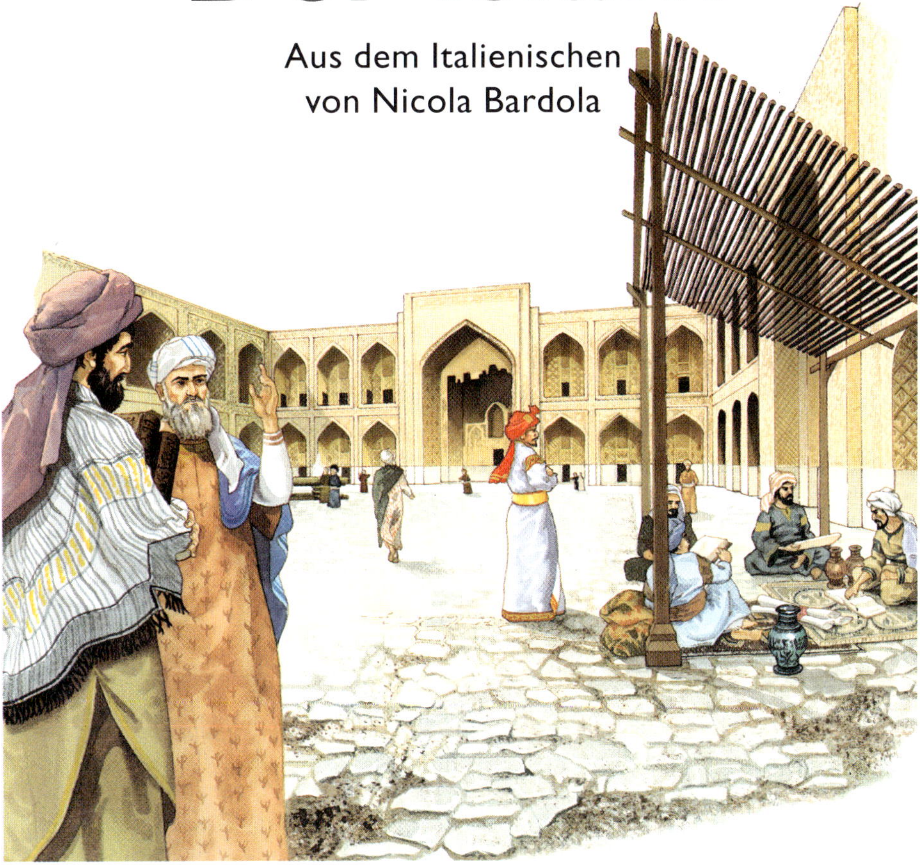

Illustrationen von
Alessandro Baldanzi, Giovanni Ballati, Giovanni Meroi

DoGi

Der Taschenbuchverlag
für Kinder und Jugendliche
von Bertelsmann

Band 20751

**Erstmals als OMNIBUS-Taschenbuch
Dezember 2000**

Titel der Originalausgabe:
»L'Islam«
© 2000 DoGi spa, Florenz
Übersetzung aus dem Italienischen:
Nicola Bardola, München
Redaktion:
Dr. Markus Schreiber, München
Satz/Umbruch:
Veit Rost DTP & Typographie, Ingolstadt
Gesamtkoordination der deutschen Ausgabe:
InterConcept Medienagentur, München
Umschlagkonzeption: Klaus Renner
Umschlaggestaltung:
Atelier Langenfass, Ismaning
ISBN 3-570-20751-X
Printed in Italy

10 9 8 7 6 5 4 3 2 1

Inhalt

Die Araber vor dem Islam

Die meisten Araber waren Nomaden: Sie lebten als fahrende Händler oder als nomadisierende Hirten in der Wüste. Nur ein kleiner Teil der Bevölkerung wohnte in einer Stadt. Ihr Land wurde im 6. Jahrhundert n. Chr. das begehrte Ziel zahlreicher Eroberungskriege.

Die Araber und ihre Ursprünge

Die Arabische Halbinsel liegt zwischen dem Roten Meer und dem Persischen Golf. Die größte Halbinsel Asiens, ja der Erde, ist ein ansteigendes Tafelland, das hauptsächlich aus Wüste und Steppe besteht. Es herrscht ein trockenes und in Küstennähe feuchtheißes Klima. Die Böden sind ausgedörrt und nur in den gebirgigen Regionen im Osten und Südosten ist das Klima etwas milder und feuchter. Zu Beginn der islamischen Ära, im 6. Jahrhundert, war Arabien politisch nahezu bedeutungslos. Es lag zwischen den zwei mächtigen Reichen des Nahen Ostens: einerseits das von den Sassaniden regierte Persien und andererseits

DIE BEDUINEN

Mit ihren Dromedaren, Schafen und Ziegen zogen die Beduinen, »die Bewohner der Wüste«, von einer Oase zur nächsten. Sie lebten in großen Familienklans und in kleinen Stämmen.

Das Dorf

Im Sommer wohnten die Beduinen in der Nähe von Dörfern und trieben Tauschhandel mit den Bewohnern: Getreide, Datteln, Werkzeug, Waffen und Stoffe waren begehrt.

Das Zelt

Die Beduinen wohnten in Zelten, die aus Wolle und Leder gefertigt wurden. Ein Zelt bot einer großen Familie den notwendigen Schutz.

das Byzantinische Reich. Die Bevölkerung bestand hauptsächlich aus Nomaden. Nur sehr langsam und mit großer Verspätung erreichten neues Gedankengut, bahnbrechende Erfindungen und religiöse Anregungen die Arabische Halbinsel.

Trotzdem bestand schon damals die arabische Welt aus mehr als nur einem Durcheinander nomadisierender Hirten und Händler. Im Norden und im Osten waren unter dem Einfluss des Byzantinischen Reiches christianisierte arabische Fürstentümer wie das der Lachmiden entstanden. Zudem war es weiter im Süden im 5. Jahrhundert dem Stamm der Kinda gelungen, unter ihrer Führung zahlreiche Klans zu einigen. Es gab aber noch eine starke dritte politische Kraft: den von den

Die Kleidung
Sie war weit geschnitten; tagsüber bot sie Schutz vor der Sonne, nachts vor der Kälte. In den Jahrzehnten nach dem Tod des Propheten Mohammed zwang der Islam niemanden dazu, andere als diese zweckmäßigen Kleider zu tragen. Das sollte sich erst viel später ändern.

Das Dromedar
Das einhöckrige Kamel war das unersetzliche Nutztier der Wüste und wurde von den Nomaden gezüchtet.

DIE ARABISCHEN STÄDTE AM ENDE DES 6. JAHRHUNDERTS

Die wichtigsten Zentren der Region waren Mekka, Yatrib (das später Medina genannt wurde) und Taif.

Zusammenkunft vieler Stämme

Die drei großen Städte wuchsen weiter, dank der vielen Kaufleute und des regen Handels, der dort getrieben wurde. Regelmäßig wurden Märkte organisiert, bei denen sich Menschen verschiedenster Klans begegneten.

SOZIALE UNTERSCHIEDE

Der Handel, der in den großen Zentren stattfand, veränderte die soziale Ordnung: Die grundverschiedene Lebenshaltung der Sesshaften und der Nomaden, die verschiedenen Gewohnheiten, Ansprüche und Bedürfnisse wurden dadurch immer deutlicher.

Karawanen

Zahlreiche Karawanen zogen entlang des Roten Meeres durch Arabien und versorgten die Mittelmeerländer mit kostbaren Waren wie Gewürzen, Stoffen, Waffen und Sklaven aus Indien und dem fernen China.

Römern »Arabia felix«, »glückliches Arabien«, genannten Jemen. Er kontrollierte nicht nur seine eigene, große Bevölkerung, sondern übte beträchtlichen Einfluss im Inneren der Arabischen Halbinsel aus. Doch dieses sehr unstabile Gleichgewicht zwischen den vielen verschiedenen Machtbereichen, das auch noch zu Beginn des 6. Jahrhunderts herrschte, brach plötzlich zusammen.

Das Ende einer ruhigen Epoche

Für diesen Zusammenbruch gibt es mehrere Gründe. Hauptsächlich war dafür die brutale Invasion der Äthiopier verantwortlich, die 525 das jemenitische Reich eroberten und kurze Zeit später Krieg gegen die Sassaniden führten. Obwohl die Sassaniden siegreich blieben, konnten danach die Sicherheit, die Ruhe und der bescheidene Wohlstand auf der Arabischen Halbinsel nicht wiederhergestellt werden. Erschwerend kam zu Beginn des 7. Jahrhunderts der Konflikt zwischen den beiden größten Mächten des Vorderen Orients hinzu: Die Byzantiner und die Sassaniden rangen um die Herrschaft über die wichtigsten Handelswege zu Lande und zu Wasser. Die Byzantiner gelangten über das Rote Meer und den Jemen zum Indischen Ozean; für die Sassaniden diente der Persische Golf als Ausgangspunkt.

Diese Spannungen zwangen immer wieder ganze Stammesverbände, ihr Land zu verlassen. Dadurch kam es zu einer Mischung der Kulturen. So entstanden zum Beispiel hebräische und christliche Kolonien in Yatrib und in der Stadt Nagran. Dies förderte möglicherweise die Verbreitung ihrer Religion, deren Grundsatz der Glaube an nur einen Gott ist.

Die Kultur der Beduinen

Sesshaft oder nicht sesshaft? Bauer oder Hirte? Ein Großteil der Geschichte Arabiens wird von diesem Gegensatz geprägt. Es handelt sich um zwei ganz unterschiedliche Lebensformen. Wo überwiegend Nomaden lebten, organisierte sich die Gesellschaft in Klans und Stämmen. Bei den sesshaften Arabern entstanden hingegen gelegentlich gut organisierte Gemeinden und kleine Fürstentümer, aber ohne dass es zu dauerhaften Staatengründungen gekommen wäre. Die Familie war immer der Angelpunkt im Leben aller Araber. Dort fanden sie Schutz und Trost, gingen dafür aber auch zahlreiche Verpflichtungen ein. Und mit fast demselben großen Zugehörigkeitsgefühl setzten sie

Der Klan

Er bildete eine grundlegende Einheit der arabischen Gesellschaft. Im Klan spielte sich das ganze Leben eines Menschen ab. Geführt wurde der Klan von einem alten, erfahrenen Mann, dem Scheich. Alle Klans waren von einer starken Solidarität geprägt. Wer zu keinem Klan gehörte, wurde nicht geachtet. Links: Zeichnung aus einem Manuskript des 13. Jahrhunderts (Paris, Bibliothèque Nationale).

Der Harim oder Harem

Er ist der größte Raum des Hauses und den Frauen vorbehalten. Mit Ausnahme der Ehegatten oder anderer enger Verwandter dürfen Männer ihn nicht betreten.

Die Bildung

Die Versorgung der Familie war Männersache. Die Erziehung der Kinder übernahmen in den ersten Jahren die Mütter. Danach gingen die Kinder in eine Grundschule (kuttab), wo sie lesen, schreiben und rechnen lernten.

sich für ihren Klan ein, für den sie jederzeit zum Kampf bereit sein mussten. Falls einem Klanmitglied eine Ungerechtigkeit widerfuhr, wurde er von den Seinen bedingungslos verteidigt oder gerächt. Falls das Mitglied sich aber falsch verhalten und die traditionsgemäß festgelegten Regeln verletzt hatte, wurde der Klan zum Richter seines Fehlverhaltens.

Es gab aber nicht nur die Familie und den Klan. Das gesellschaftliche Leben fand im Rahmen eines Stammes statt, an dessen Spitze ein alter und weiser Mann stand, der im Arabischen so genannte *saijd*. Er regelte die größten Probleme und traf die wichtigsten Entscheidungen. Die Stammesmitglieder mussten sich an zahlreiche Vorschriften halten: Gastfreundschaft, Großzügigkeit

DAS HAUS
Das arabische Haus war eine geschlossene Einheit mit zum Teil geheimen Räumen. Es hatte nur wenige und kleine Fenster. Es gab meistens zwei Innenhöfe: der kleinere für Frauen und Kinder, der größere für Männer und Gäste. Dieser war oft mit Blumen und Pflanzen geschmückt.

Die Spinnerei
Im Hof der Frauen, der zum Harem führt, finden viele nützliche Tätigkeiten statt: Die Kinder werden versorgt, es wird Wolle gesponnen usw.

DIE ZEIT VOR MOHAMMED

Die von vielen angebetete und wichtigste Gottheit in Mekka war Hubal, hinzu kamen drei Göttinnen: al-Uzza, al-Lat, al-Mant. Großer Beliebtheit erfreute sich der Sternenkult. Insbesondere Venus und Mond, aber auch Jupiter, Merkur und Sirius wurden verehrt.

Die Wallfahrten

Gläubige aus dem ganzen Vorderen Orient pilgerten im heiligen Monat *hadsch* nach Mekka.

und Solidarität. Und ein Versprechen durfte unter keinen Umständen gebrochen werden.

Die Bedeutung Mekkas

Im 6. Jahrhundert wurde die Bedeutung Mekkas für Arabien immer offensichtlicher. Die meisten Karawanenrouten führten über Mekka und viele der Stadtbewohner, die vor allem zum Stamm der Qurays

gehörten, waren dank eines blühenden Handels zu beachtlichem Reichtum gelangt. Ihnen gehörten die meisten fruchtbaren und landwirtschaftlich genutzten Gebiete der Region und sie beeinflussten ganz entscheidend die nahe gelegenen Städte Yatrib und Taif.

Die politisch aktiven Bewohner Mekkas wahrten ihre Interessen, indem sie die Beziehungen zum mächtigen Byzanz und zu

Die Kaaba
Auf Arabisch bedeutet das Wort »Würfel«. Die Legende besagt, dass die Kaaba von Abraham und seinem Sohn Ismael erbaut wurde. Ismael soll vom Erzengel Gabriel den berühmten Schwarzen Stein erhalten haben (vielleicht ein Meteorit), der von vielen arabischen Stämmen verehrt und dann im südöstlichen Teil des Gebäudes untergebracht wurde.

Der Kult der Bäume
Der Baum galt als heilig. Der wichtigste hieß »ägyptischer Dorn« (samura): Man hielt ihn für die Verkörperung der Göttin al-Uzza. Rechts: Der magische Baum, der von den Arabern vor Mohammed verehrt wurde. Miniatur aus Wunder der Natur und Besonderheiten der Schöpfung, 1388 (Paris, Bibliothèque Nationale).

Die religiöse Gleichgültigkeit
In Mekka gab es eine Oberschicht, die beachtliche Reichtümer angehäuft hatte, ihren Reichtum zur Schau stellte und im Luxus lebte. Diese Gruppe hatte sich von der einfachen und abergläubischen Religiosität der übrigen Bevölkerung entfernt.

den nicht immer leicht zu überzeugenden Beduinen im Inneren des Landes pflegten und verstärkten. Trotz dieser Anstrengungen war nicht jede diplomatische Aktion Mekkas von Erfolg gekrönt: Die Nomaden waren letztendlich nur schwer zu kontrollieren und schalteten und walteten vor allem im Süden der Halbinsel nach Belieben. Diese beständige Unsicherheit sorgte für Unruhe bei der politischen Elite Mekkas und führte schließlich dazu, dass die Vorstellung, Mekka solle der Mittelpunkt, ja die Hauptstadt der Region werden, immer mehr Anhänger fand. Diese herausragende Stellung Mekkas war schon durch die besondere Rolle vorgezeichnet, die Mekka in religiöser Hinsicht spielte; denn schon seit dem 1. Jahrhundert n. Chr. fanden zahlreiche Pilgerreisen zur Kaaba, dem späteren höchsten Heiligtum des Islams, statt.

Eine neue Religion

Mohammed war ein Prophet, der die besondere Gabe besaß, die Menschen für sich einzunehmen und für Ideen zu begeistern. Es gelang ihm, sein Volk dazu zu bringen, nur noch an einen Gott zu glauben; er gründete eine neue Religion und schuf das Fundament für einen Staat, der schon bald die Grenzen Arabiens überschreiten sollte.

Mohammed vor der Offenbarung

Wir wissen wenig vom Leben Mohammeds vor jenen Monaten, in denen er seine folgen, reichen Visionen hatte. Der Überlieferung nach kündigten herrliche und unerklärliche Zeichen seine Geburt an: Ein strahlendes Licht erhellte die Nacht, in der Amina ihren Sohn Mohammed zur Welt brachte und Engel legten ihn »sauber und rein wie Kristall« in die Hände der Hebamme.

Mohammed wurde 570 in Mekka geboren. Seine Familie gehörte zum Stamm der Qurays. Da sein Vater früh starb, kam er in die Obhut eines Onkels. Als Jugendlicher arbeitete er als Karawanenführer und trat mit etwa 20 Jahren in die Dienste der Witwe Hadiga, deren Karawanen er in Syrien führte. Nach einigen Jahren heirateten die beiden. In seiner Jugend kam er mit zahlreichen religiösen Bewegungen in Berührung. Er be-

schäftigte sich mit dem Glauben der Juden und der Christen. Danach sehnte er sich nach einer grundlegenden Änderung der Glaubenshaltung seines Volkes. Er war etwa 40 Jahre alt, als er beschloss, den lärmenden Straßen Mekkas den Rücken zu kehren, um ein bisschen Ruhe zu finden. Die Legende besagt, dass er sich eines Abends in seinen Beduinenmantel gehüllt hatte, um sich vor der Kälte zu schützen, und eingeschlafen war, als ihm im Traum jemand erschien und eine Stimme ihn rief.

Eine Stimme von oben

»Trag vor im Namen deines Herrn«, befahl ihm ein Engel in gebieterischem Ton. Der Engel wiederholte diese Aufforderung noch mehrmals, weil Mohammed nicht darauf

Der Koran
In der heute gültigen Form besteht der Koran aus 114 Suren (Kapitel), die sich mit Mythologie, Moral, Vorschriften für die Riten oder Gesetzen beschäftigten. Links: Koran (Ägyptisches Manuskript aus dem 16. Jahrhundert).

Gemeinsame Legende
Es gibt auch eine islamische Version der christlichen Legende der Siebenschläfer von Ephesos. Um nicht falschen Vorbildern nachzueifern, versteckten sie sich in einer Höhle, wo sie in einen wundersamen Schlaf fielen und 200 Jahre später gleich jung und unversehrt wieder erwachten. Links: die Sieben Schlafenden in einem persischen Manuskript aus dem 16. Jahrhundert.

Juden und Christen und ihre Bücher
Mohammed sagte, dass der Koran die letzte in einer Reihe von 104 Schriften sei, von denen nur vier die Zeiten überdauern würden: Pentateuch, Psalmen, Evangelium und am Ende der Koran. Oben: Die Begegnung Mohammeds mit dem christlichen Mönch Bahira auf einer persischen Miniatur.

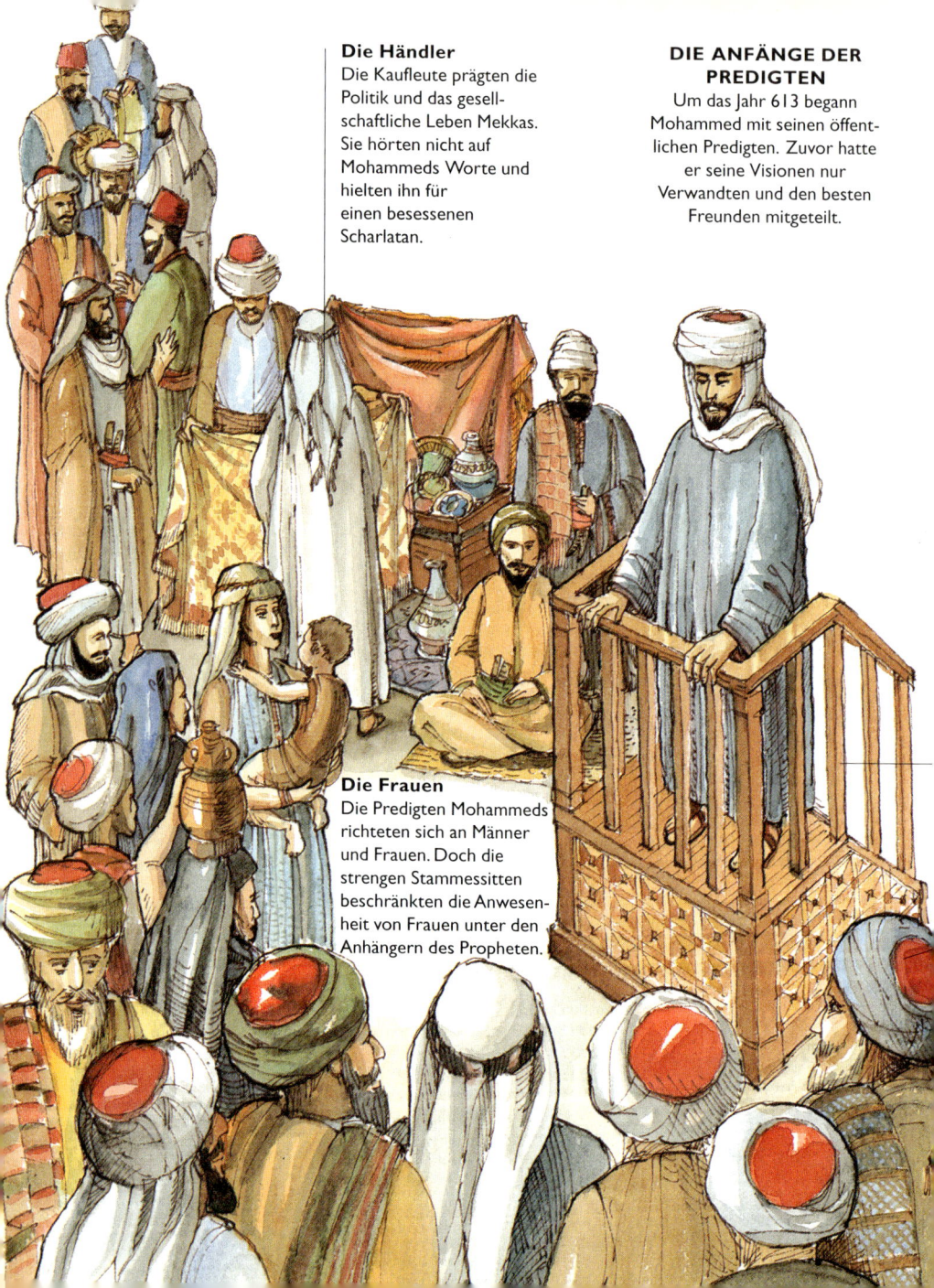

Die Händler
Die Kaufleute prägten die Politik und das gesellschaftliche Leben Mekkas. Sie hörten nicht auf Mohammeds Worte und hielten ihn für einen besessenen Scharlatan.

DIE ANFÄNGE DER PREDIGTEN
Um das Jahr 613 begann Mohammed mit seinen öffentlichen Predigten. Zuvor hatte er seine Visionen nur Verwandten und den besten Freunden mitgeteilt.

Die Frauen
Die Predigten Mohammeds richteten sich an Männer und Frauen. Doch die strengen Stammessitten beschränkten die Anwesenheit von Frauen unter den Anhängern des Propheten.

reagierte. Er dachte zunächst, es handle sich um ein teuflisches Zeichen. »Trag vor im Namen deines Herrn, der erschaffen hat«, mahnte die Stimme wieder, »der den Menschen aus einem Embryo erschaffen hat! Trag vor! Dein Herr ist edelmütig wie niemand auf der Welt, (...).« Diese Worte erschütterten Mohammed. Er kehrte in die Stadt zurück und erzählte Hadiga und seinen engsten Freunden, was geschehen war. Er berichtete von den Visionen, denen zufolge er sich in einer vollkommen neuen – herausragenden, aber auch riskanten – Lage befand: Er war der Prophet eines neuen und allmächtigen Gottes: Allah. Eines Gottes, der den bisherigen Glauben an viele verschiedene Götter nicht mehr zulassen wollte und dem Menschen gleichzeitig neue Gewissheiten und Sicherheiten geben wollte. Allah sollte also der einzige Gott sein; er war barmherzig und streng und es war notwendig, für ihn zu kämpfen, zu überzeugen und zu beten, da das Ende aller Zeiten bevorstand. Doch die beseelten Worte des Propheten drehten sich nicht nur um himmlische Dinge. Ein großer Teil der Reden handelte vom Alltag des arabischen Volkes, ihr Ziel waren unter anderem neue Formen des Zusammenlebens und neue Gesetze: So wurden das Glücksspiel, das Trinken von Alkohol, der Verzehr von Schweinefleisch und die Rache verboten, die Vielweiberei wurde auf vier Frauen beschränkt und man versuchte, den Unterschied zwischen Armen und Reichen möglichst gering zu halten.

Mohammeds Vorhaben rüttelte damit an etlichen Grundpfeilern der arabischen Gesellschaft: Alte Vorrechte sollten beschnitten werden. Sogar sein eigener Klan lehnte dies zunächst ab und war – abgesehen von

Mit Heiligenschein
Mohammed ist auf Bildnissen oft mit Heiligenschein und wogendem Schleier dargestellt, wodurch er sich von den anderen unterscheidet. Davon ist in Berichten über sein Leben die Rede.
Oben: die Begegnung Mohammeds mit einem Schäfer auf einer türkischen Miniatur (Istanbul, Museum für Türkisch-Islamische Kunst).

Die Kanzel
Mohammed predigte im Stehen von einem Podest herab. Daher gibt es heute noch in allen Moscheen eine Kanzel, den Mimbar.

Männer mit Turbanen
Auch hinsichtlich der Kleidung mussten die Männer ihre Treue zu Mohammed beweisen: Angemessen waren Turbane und safranfarbene Kleidung, die nicht aus Seide oder Brokat sein sollten.

DER ISLAM UND DIE ENGEL

Im Islam gibt es viele Engel, die verschiedene Aufgaben erfüllen: Es handelt sich um geschlechtslose Lichtwesen, die Allah bedingungslos gehorchen. Ein Legende, die sich um die Geburt Mohammeds rankt, berichtet von Engeln, die in jenem Augenblick Mekka gegen die heimtückischen *dschinn* verteidigten. Diese Dämonen waren gekommen, um herauszufinden, was in der Stadt geschah.

wenigen Ausnahmen – ihm und seinen Plänen feindlich gesinnt. Seine Gegner verleumdeten ihn. Die meisten hielten ihn für einen Verrückten, einen Wahrsager, einen Magier oder einen Visionär. Alle, die ihm nahe standen, wurden ebenfalls belächelt oder bekämpft. Daher traf Mohammed im Jahr 619 den Entschluss, seine Botschaft auch außerhalb der Stadtmauern Mekkas zu verkünden.

Vom Exil bis zu den ersten Erfolgen des Islams

Nachdem Mohammed in einer nahe gelegenen Oase als Prophet aufgetreten war, richtete er seine Aufmerksamkeit auf die Stadt Yatrib. Hier war es den verschiedenen Klans nie gelungen, ein politisches Gleichgewicht zu schaffen: Daher sahen sie in Mohammed denjenigen, der in der Lage sein würde, gleichsam als Schiedsrichter die verfeinde-

Die Sünde

Allgemein gilt es als Sünde, den Vorschriften des Korans nicht zu gehorchen. Doch der Begriff der Sünde ist nicht sehr genau gefasst. Zudem können alle Sünden vergeben werden. Nur wer Allah in seiner Einzigartigkeit nicht anerkennt, wird niemals Gnade finden.

Die Offenbarung auf dem Berg Hira

Als Mohammed die Nacht in einer Höhle verbrachte, empfing er die erste göttliche Offenbarung. Die Höhle befand sich in der Nähe Mekkas in einem Berg namens Hira oder Habal al-Nur (»der Berg des Lichts«). Rechts: eine Darstellung des Berges Hira in einer persischen Miniatur aus dem 18. Jahrhundert.

Der Erzengel Gabriel

Gabriel ist sowohl in der hebräisch-christlichen als auch in der islamischen Tradition bekannt. Er ist die wichtigste Figur während der Visionen Mohammeds auf dem Berg Hira. Hier spricht er zu Mohammed: »Oh Mohammed! Du bist der Apostel Allahs und ich bin Gabriel.«
Links: Gabriel überreicht die Botschaft Gottes an Mohammed in einer persischen Miniatur von 1314 (Edinburgh, University Library).

ten Gruppen zu befrieden und für Ruhe und Sicherheit zu sorgen. 622 verließ Mohammed Mekka, um nach Yatrib zu gehen. Dies war einer der wichtigsten Augenblicke in der Geschichte des Islams. Allen schien dies eine Flucht zu sein, ein Verzicht und eine Niederlage, doch in der neuen Stadt wurde er mit offenen Armen empfangen, als Prophet respektiert und angehört. Dies ist der Grund, warum die Araber ihre Zeitrechnung mit der Hedschra, also mit dem Exil Mohammeds, beginnen. In der neuen Stadt, die später Medina, »die Stadt des Propheten«, genannt wurde, begann Mohammed sofort damit, eine neue religiöse Gemeinde zu gründen. Gleichzeitig versuchte er Mekka wiederzuerobern – auch mit Waffengewalt. Nach einer Reihe blutiger Auseinandersetzungen, die mehrere Jahre lang dauerten (625 – 630), war Mohammed

Erfolg beschieden und es gelang ihm, als umjubelter Sieger in seine Geburtsstadt einzuziehen. Zwei Jahre später starb er dann.

Die islamische Religion

Im Mittelpunkt von Mohammeds neuer religiöser Auffassung steht Allah: Er ist der einzige Gott, der Schöpfer der Welt und aller Lebewesen. Allah ist allmächtig, und vollkommen ist seine Gerechtigkeit. Er beurteilt die Taten der Menschen und seine Entscheidung, ob sie freigesprochen oder verurteilt werden, kann der Einzelne mit seinem Verstand nicht begreifen. Die Gläubigen müssen den göttlichen Gesetzen gehorchen und nehmen sowohl Allah als auch ihren Mitmenschen gegenüber eine Reihe von Verpflichtungen auf sich. Vor allem müssen sich die Gläubigen dem göttlichen Willen unterwerfen. Das Wort »Islam« bedeutet ja auch »Unterwerfung« und gab den Anhängern dieser neuen Religion den Namen

DAS ISLAMISCHE UNIVERSUM
Der wichtigste Grundsatz in der islamischen Welt ist die Einzigartigkeit Gottes. Fast genauso bedeutend ist das Jüngste Gericht: Das Ende der Welt wird vorhergesagt wie das Erscheinen der Menschen vor Gott, um gerichtet zu werden. Rechts: die sieben Himmel des islamischen Universums in einem persischen Manuskript aus dem 18. Jahrhundert (Paris, Bibliothèque Nationale).

Die Begegnungen
Im Jenseits wird der Verstorbene von den Engeln Mutar und Nakir empfangen, die ihn gleich in der Nacht des Übergangs aus dem Reich der Lebenden wecken und fragen, zu welcher Religion er sich bekennt.

Die Hölle
Mohammed stellt die Schar der Auserwählten und die Wunder des Paradieses der Schar der Verdammten und den Qualen der Hölle gegenüber. Die Hölle wird im Arabischen *nar* (Feuer), Brennofen oder auch Kohlebecken genannt. Oben: die Hölle des islamischen Universums in einer Miniatur aus dem 14. Jahrhundert (Paris, Bibliothèque Nationale.)

Die Brücke
Ist der Verstorbene im Jenseits angekommen, so werden seine Taten genau geprüft. Wenn er im Paradies empfangen werden soll, muss er auf einer schmalen Brücke, die dünn wie ein Haar und schneidend wie ein Schwert ist, die Hölle überqueren.

Mekka
Die heilige Stadt des Islams war nicht nur das große Zentrum der neuen Religion, sondern auch eine bedeutende Handelsstadt, in der auf jährlich stattfindenden Messen unzählige Waren getauscht wurden.

»Moslem«. Allah will, dass der Mensch bestimmte Dinge mit Überzeugung tut und nicht aus Gewohnheit, Angst oder einfach nur oberflächlich. Mohammed ist für den Islam der Vermittler, ein Mensch, der, von Gott auserwählt wurde, um dessen Willen zu verkünden. Doch Mohammed selbst trägt keinerlei göttliche Züge.

Ein nicht unbedeutender Teil der islamischen Religion besteht aus Vorschriften für das Zusammenleben der Menschen: In erster Linie wird auf den Zusammenhalt und den Gemeinschaftssinn geachtet; alle müssen sich solidarisch zu ihrer Familie und ihrem Klan verhalten. Im Grunde hat Mohammed eine Religion und einen Staat geschaffen, die aufs engste miteinander verbunden sind, obwohl Mohammed selbst in einer Gesellschaft aufwuchs, die nicht einmal ahnte, wie ein Staat organisiert sein könnte. Die Verflechtung politischer und religiöser Strukturen, die durch den Koran festgeschrieben wird, hatte im Laufe der Geschichte des Islams sehr weit reichende

Folgen für die gesellschaftliche Entwicklung und ist heute noch von großer Bedeutung.

Der Koran

Der Koran ist nicht in einem Stück entstanden, sondern wurde in drei Etappen verfasst: kurz nach dem Tod Mohammeds (632); unter dem dritten Kalifen Othman (644 – 656) um 650 und zu Beginn des 8. Jahrhunderts. Die berühmtesten Bearbeitungen stammen von Zaid ibn Tabit und wurden unter den Kalifen Abu Bekr (632 – 634) und Othman durchgeführt.

Der Name Koran stammt vom Wort *quaran* ab, was so viel wie »laute Lesung« oder »Vortrag« bedeutet und womit man ursprünglich wahrscheinlich (im aramäischen *queryna*) die Rezitation heiliger Texte bezeichnete. Die Gläubigen halten die Sprache des Korans für reines Arabisch, das deshalb auch als Sprache Gottes gilt. Das laute Vor-

DIE FÜNF PFLICHTEN

Fünf Pflichten bestimmen das Leben des guten Moslems, der niemanden braucht, um mit Allah zu sprechen. Deshalb gibt es im Islam keine richtigen Priester und keine Kirchenleute, sondern nur so genannte Religionslehrer.

Das Gebet (salat)

Ein Moslem muss fünf Mal täglich beten. Bei Sonnenaufgang, mittags, nachmittags, bei Sonnenuntergang und abends. Der Gläubige wirft sich nieder, kniet und hebt die Hände in Richtung der Kaaba.

Die Pilgerfahrt (hadsch)

Der Gläubige muss mindestens einmal in seinem Leben nach Mekka gehen. Während der Wallfahrt trägt er ein weißes Gewand ohne Nähte (ihram) und schneidet zuvor Haare und Nägel ganz kurz. Der Pilger soll während der Fahrt keinen Geschlechtsverkehr und keinen Streit haben und niemandem Schaden zufügen (also zum Beispiel auch keine Insekten töten). Auch die Frauen sollen an der Pilgerfahrt teilnehmen.

tragen des heiligen Buches des Islams muss bestimmten Regeln gehorchen: Die Betonung und das Psalmodieren (eine Art Gesang) werden bis in alle Einzelheiten beschrieben. Selbst geringe Abweichungen sind nicht erlaubt. Das heilige Buch, wie es heute noch verbreitet ist, besteht aus einer Folge verschiedener, nicht geordneter Themen: von der Beschreibung von Freud und Leid des Lebens, das nach dem Tod folgen wird, bis zu Drohungen gegen alle Feinde Mohammeds, von der Beschreibung des Lebens der Propheten bis zu den Geschichten über Könige und andere Menschen, die auch in der Bibel und in den Evangelien vorkommen. Und natürlich fehlt nicht die Geschichte mehrerer Völker Arabiens.

Der Koran ist das grundlegende Werk des Islams. Er stellt das letzte direkte Einschreiten Gottes in das Leben der Menschen und in die Geschichte dar; er ist das letzte Wort vor dem jüngsten Gericht.

Das »Almosen« **(zakat)**
Das »Almosen« ist eine staatlich organisierte Pflichtsteuer. Daneben gibt es auch noch die spontane Spende an die Ärmsten und Bedürftigen, die *sadaqa*.

Die Ausübung des Glaubens
An erster Stelle steht die Pflicht, folgenden Satz auszusprechen: »Es gibt keinen Gott außer Allah und Mohammed ist sein Prophet.«

Der Ramadan
Da sich die Offenbarung in der 27. Nacht des Monats Ramadan ereignete, verzichtet der Gläubige in diesem Monat von Sonnenauf- bis Sonnenuntergang auf Essen, Trinken, Rauchen und Geschlechtsverkehr.

Die Ausblutung
Tiere, deren Fleisch
verzehrt werden
soll, müssen durch
Ausblutung ge-
schlachtet werden.

Das Bankett
Ein Moslem darf kein
Schweinefleisch essen.
Dieses Verbot hat keine
hygienischen Gründe,
sondern ist ein Ritual,
das wahrscheinlich auf
einen uralten
Glauben zurückzu-
führen ist.

Weitere Regeln
Man darf nur mit der
rechten Hand essen
und es ist nicht erlaubt,
auf das Essen zu blasen.
Zudem ist es wichtig,
weder Knoblauch noch
Zwiebeln zu essen,
bevor man in die
Moschee geht.

ERNÄHRUNGS-VORSCHRIFTEN

Es gibt Verhaltensregeln, die vom Koran bestimmt werden und andere, die von der Vorbildfunktion Mohammeds abhängen. Daher gibt es zahlreiche verschiedene Gebote, die die Moslems von anderen Gläubigen unterscheiden. Die Vorschriften zur Ernährung werden von den Gläubigen am strengsten befolgt.

Weitere heilige Schriften

Neben dem wichtigsten Text, dem Koran, erkennt der Islam auch noch andere Schriften als heilig an. Bei dem Hadith handelt es sich um ganz kurze Berichte, die von wichtigen Ereignissen im Leben des Propheten erzählen und seine Äußerungen zu bestimmten Themen widergeben. Diese sind besonders wertvoll, da man davon ausgeht, dass sie von Zeitgenossen Mohammeds aufgeschrieben wurden. Die Gesamtheit dieser Texte bildet die Sunna. Das Wort bedeutet »Gewohnheit« oder auch »wie man sich benimmt«, denn das Werk soll dem Gläubigen nachzuahmende Beispiele bieten. Die Sunna hat seit jeher für viele Diskussionen gesorgt, da sie gelegentlich zum selben Problem widersprüchliche Empfehlungen gibt oder auch mit den Forderungen des Korans nicht übereinstimmen kann. Die Auseinandersetzungen zwischen den Befürwortern der Sunna und denen, die nur den Koran anerkennen wollen, haben über die Jahrhunderte dazu geführt, dass innerhalb des Islams zwei Strömungen entstanden sind: einerseits die Sunniten, welche die Mehrheit der Moslems bilden (etwa 90 Prozent), und andererseits die Minderheit der Schiiten.

Die Schiiten waren der Ansicht, dass bei der Wahl des Oberhaupts der Moslems die Erbfolge zu berücksichtigen sei (daher nannte man sie die »Legitimisten«). Sie wollten deshalb mit Ali, dem Schwiegersohn Mohammeds, die Führung fortsetzen. Die Sunniten hingegen verstanden sich als eine Gemeinschaft, die von der heiligen Schrift geeint wurde. Ihnen war es vor allem wichtig, dass die Gemeinschaft der Moslems gut geführt wurde. Deshalb unterstützten sie einmal die Omaijaden, dann wieder die Abbasiden.

Erste Zeugnisse islamischer Architektur

In den ersten Jahrhunderten nach Mohammeds Tod entstanden zunächst keine besonderen Bauwerke. Es ist bekannt, dass die ersten Gebetsstätten in Medina, in Basrah, Kufa oder Fustat errichtet wurden. Wahrscheinlich handelte es sich um Tempel, die noch keine Minarette hatten. Diese wurden erst in späterer Zeit hinzugefügt und dienten dem Aufruf zum Gebet *(adhan)* durch den Muezzin, der vor dem Bau der ersten Minarette die Gläubigen einfach vom Dach des Tempels aus rief.

Die frühen Moscheen waren rechteckige Bereiche – die Moschee von Basrah zum Beispiel wurde von einem Viereck gebildet und war von einem Bambuszaun umgeben –, sie ähnelten den römischen Foren und waren mit ihrer Säulenhalle nach Mekka ausgerichtet. Sie dienten nicht nur der Gottesverehrung, sondern wurden auch für Gerichtsverhandlungen und öffentliche Versammlungen genutzt. Um die Moschee herum wurden nach und nach zahlreiche weitere wichtige Gebäude errichtet. In Basrah entstand 635 ein Regierungspalast, worin sich auch ein *divan*, ein Raum für Verhandlungen, befand. Um die Mitte des 7. Jahrhunderts ließ der Kalif Moawija – »Kalif« bedeutet »Nachfolger Mohammeds«, er ist also die höchste Autorität der islamischen Gemeinschaft – in Damaskus neben der Moschee eine Residenz namens Qubbat al-Khadra bauen, die wahrscheinlich eine Kuppel besaß und offenbar die Bauweise der Römer und Sassaniden nachahmte. Eine der ältesten und wichtigsten Moscheen ist Dar al-Imara in Kufa, die Ziyad ibn Abihi 670 erbauen ließ.

Das Minarett
Dieser Turm dient dem Muezzin dazu, sich in weitem Umkreis Gehör zu verschaffen, wenn er die Gläubigen zum Gebet ruft.

Der Brunnen
Vor dem Gebet in der Moschee muss sich der Gläubige immer mit fließendem Wasser waschen.

Der Schuhschrank
Es ist nicht erlaubt, die Moschee mit Schuhen zu betreten. Man könnte das Heiligtum verunreinigen. Die Schuhe müssen in Schuhschränken, die sich neben dem Eingang befinden, abgelegt werden.

DIE MOSCHEE

Das Wort kommt von dem arabischen *masdschid*, der »Ort, an dem man sich niederwirft«. Den Frauen ist der Zutritt nicht erlaubt. Sie müssen zu Hause beten. Der Muezzin ruft fünf Mal am Tag zum Gebet, doch nur beim Mittagsgebet am Freitag besteht die Pflicht, in die Moschee zu gehen.

Der *kursi*

Er dient dem Vorleser *(qari')* als Lesepult, um den Koran zu halten.

Der Mihrab

Diese geschmückte und bogenförmige Öffnung in der Wand weist die Richtung nach Mekka. Sie ist kein außergewöhnlich heiliger Ort und dient den Gläubigen lediglich dazu, in die richtige Richtung zu beten.

Der Mimbar

Die Kanzel, der Mimbar, befindet sich immer rechts vom Mihrab. Sie erinnert an den erhöhten Ort, von dem aus Mohammed predigte. Von hier aus wendet sich der Imam an die Gläubigen und lenkt das Gebet. Doch er steht nie ganz oben. Von dort hat der Prophet gesprochen.

Das islamische Reich

Nach dem Tod Mohammeds eroberte der Islam mit Waffengewalt und unter der Führung der Kalifen den Nahen Osten, Nordafrika und Spanien. So entstand eine neues Reich, das von nur einer Religion und einer gut funktionierenden Verwaltung zusammengehalten wurde.

Die arabische Expansion unter den Kalifen

Nach dem Tod Mohammeds 632 gab es keinen würdigen Nachfolger. Es kamen nacheinander vier Kalifen an die Macht, die alle zum Stamm des Propheten, den Qurays, gehörten. Sie behielten Medina als Hauptstadt bei und versuchten dem Beispiel Mohammeds zu folgen. Der erste Kalif war Abu Bekr (632 – 634), der zweite Qmar ibn al-Chattab (634 – 644). Omar I. wurde von einem persischen Sklaven getötet. Es folgte Othman (644 – 656), ein Schwiegersohn des Propheten, der ein schnell wachsendes Reich regieren musste und gegen zahlreiche innere Widerstände zu kämpfen hatte. Vor allem Aischa, die Witwe des Propheten, und Ali, ein weiterer Schwiegersohn, versuchten, an die Macht zu gelangen. Ali schaltete Othman aus, doch der Gouverneur Syriens, Moawija, setzte die Opposition fort und wurde 661 nach der Tötung Alis, des vierten Kalifen, neuer Kalif. Mit ihm begann die Dynastie der Omaijaden (661–750).

Die neue Hauptstadt des Reiches war schon 656 bestimmt worden und befand sich außerhalb der Arabischen Halbinsel: Damaskus war das

DIE EROBERUNG

Nach dem Tod Mohammeds kämpfte die islamische Gemeinschaft Seite an Seite mit den aufständischen arabischen Stämmen. Zusammen waren sie stark und es gelang ihnen, die Grenzen des Byzantinischen Reiches zu überschreiten. Die langjährigen Kämpfe zwischen den Sassaniden und Byzanz hatten beide Reiche militärisch geschwächt. Auch die unzufriedene christliche Bevölkerung und die politische Toleranz der Moslems begünstigten den raschen Siegeszug des Islams. Entgegen einer verbreiteten Vorstellung handelte es sich also nicht um einen heiligen Krieg, mit dem man Juden, Christen und Anhänger Zarathustras mit Gewalt zum Islam bekehren wollte.

neue Zentrum. Damit begann der arabische Einfluss an Bedeutung zu verlieren. Schon gegen Ende der Regierungszeit Omars waren große, zum Teil nichtarabische Gebiete erobert worden: das Becken von Euphrat und Tigris, das dem Reich der Sassaniden entrissen wurde, sowie Syrien, Palästina (mit Jerusalem), Teile des Niltales und der Mittelmeerküste bis nach Tripolis, die zum Byzantinischen Reich gehörten.

Hatte Omar Ktesiphon, die westliche Hauptstadt der Sassaniden, besetzt, so war bis zum Tod Othmans das gesamte Persische Reich zerschlagen.

Der Islam in Nordafrika
Ägypten war der günstig gelegene Ausgangspunkt für die starke islamische Expansion in Nordafrika. Vom Niltal aus konnten die Araber um das Jahr 670 Tunesien

Das Kamel
Wie das Dromedar ist das Kamel für das Leben in der Wüste gut gewappnet. Dank seiner Kraft und Ausdauer ermöglichte es den militärischen Triumph und trug die Krieger täglich bis zu 100 Kilometer durch die Wüste von einem Schlachtfeld zum anderen.

Der Helm
Der Helm war oft aus Eisen geformt und mit einem Helmtuch versehen.

Abu Bekr
Die Legende besagt, dass er der Erste war, der sich zum Islam bekehrte. Er genoss immer das Vertrauen des Propheten. Oben: Abu Bekr, stehend, bittet die Anführer der Beduinenklans, Mohammed anzuhören (Paris, Bibliothèque Nationale).

Das Schwert und die Lanze
Das Schwert war kurz und gebogen, die Lanze lang und schmal. Das waren die typischen und Furcht erregenden Waffen der arabischen Krieger. Auf den Griffen der Lanzen und Schwerter waren oft Mut machende Sätze aus dem Koran eingraviert.

erobern, wo sie dann die Stadt Kairouan gründeten. Danach drangen sie in Marokko ein. In den eroberten Gebieten siedelten die Araber Garnisonen streng gläubiger Soldaten an, die bereit waren, für den Islam ihr Leben einzusetzen. Ein großer Teil der Truppen, die für den Eroberungskrieg notwendig waren, konnte mühelos unter den örtlichen Nomaden rekrutiert werden. Dagegen war die sesshafte Bevölkerung, vor allem die Berber, selten bereit, in die Dienste der Eroberer zu treten. Sie blieben meistens dem Christentum treu und übten einen mehr oder weniger offenen Widerstand gegen die Besatzer aus. In vielen unterworfenen Gebieten war das nicht einmal notwendig, denn die Omaijaden waren sehr tolerant, erlaubten es der Bevölkerung, weiterhin ihren Glauben auszuüben, und forderten lediglich die regelmäßige Zahlung von Abgaben. Das war der Preis, den Christen und Juden dafür bezahlen mussten, um nach ihren Gesetzen leben und ihrer Religion treu bleiben zu können.

Spanien

Nachdem das Weströmische Reich im 5. Jahrhundert zusammengebrochen war, eroberten Westgoten die Iberische Halbinsel. Doch 711 erreichten Araber und Berber unter der Führung von Tarik ibn Sijad Gibraltar (das von Tarik den Namen Djebel al-Tarik, »der Berg des Tarik«, erhielt), vertrieben die Westgoten und besetzten Spanien. Nur die verlustreichen Schlachten gegen die Franken, die von Karl Martell angeführt wurden, verhinderten, dass die islamischen Eroberer über die Pyrenäen hinausgelangten. Nach der Eroberung Spaniens weiteten die Moslems ihre Kontrolle

Der Mihrab
Die Spannweite der Säulenbögen, an deren Ende sich der Mihrab befand, war wesentlich größer als bei den anderen Säulen. Zudem wird der Mihrab von einer Kuppel überwölbt.

über das Mittelmeer aus, indem sie die Balearen, Sizilien und die Küsten Sardiniens besetzten.

Der Islam konnte auf der Iberischen Halbinsel schnell Fuß fassen. Weil die Eroberer nach wie vor in verschiedenen Klans auftraten, die nicht immer einer Meinung waren, verteilten sich die Araber schneller in den

DIE MOSCHEE VON KAIROUAN

Die Sidi-Okba-Moschee zeugt von der Macht und dem Reichtum der Region. Sie wurde im 8. Jahrhundert unter den Aghlabiden in der wichtigsten moslemischen Stadt Nordafrikas, in Kairouan im heutigen Tunesien, gebaut.

Die Bögen

In der ganzen Moschee sind die Bögen aus Ziegel oder Naturstein gemauert. Die Bögen sind meist rund oder leicht hufeisenförmig. Nur unter der Kuppel enden sie oben in einer Spitze.

Das Minarett

Das Minarett erhebt sich im Nordwesten der Moschee und steht leicht versetzt gegenüber der Kuppel des Gebetssaales.

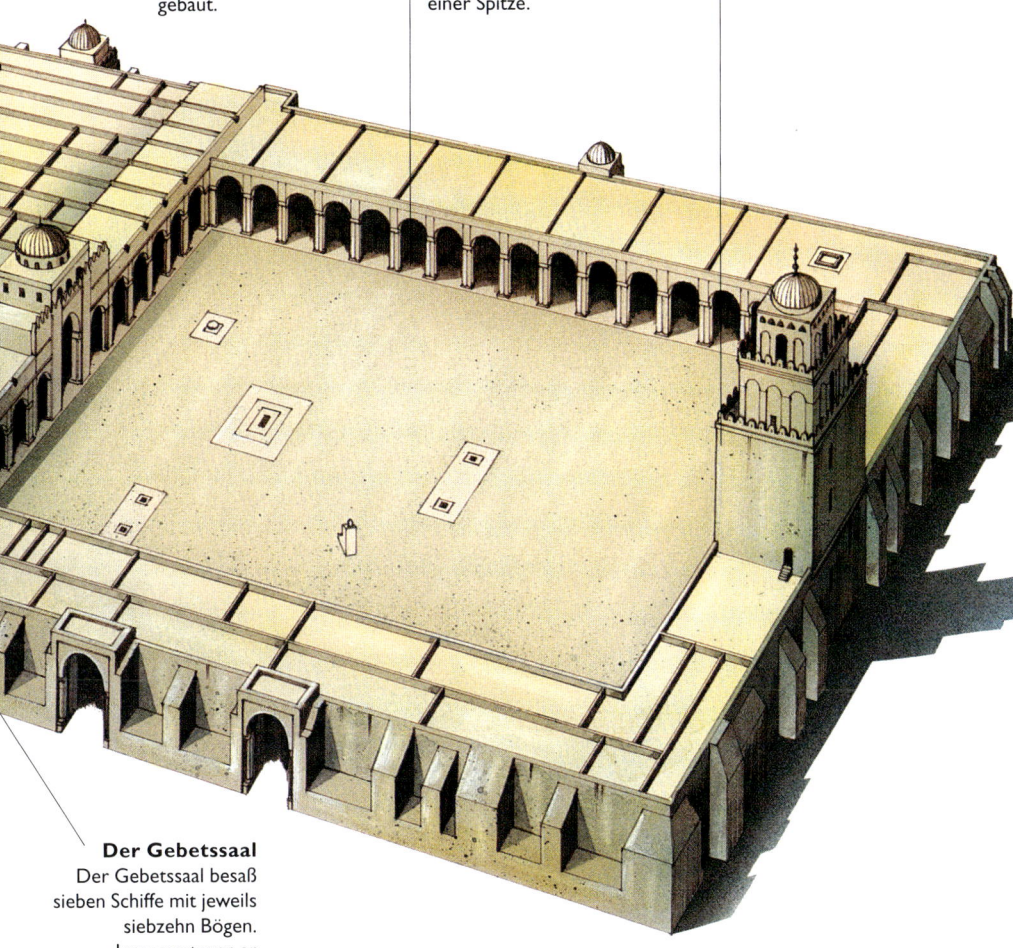

Der Gebetssaal

Der Gebetssaal besaß sieben Schiffe mit jeweils siebzehn Bögen. Insgesamt war er 72 Meter breit.

CÓRDOBA

Zu den wichtigsten Städten, die in Spanien unter arabischer Herrschaft entstanden, gehörte Córdoba, die Hauptstadt des Emirats der Omaijaden. Wegen ihrer Größe und ihres Reichtums wurde sie oft mit Konstantinopel verglichen. Sie war die größte westliche Metropole des Islams.

Der Kalif

Die drei wichtigsten Emire, die den islamischen Staat in Spanien formten, waren Abd ar-Rahman I. (756–788) sowie seine Nachfolger Abd ar-Rahman II. (822–852) und Abd ar-Rahman III. (912–961). Abd ar-Rahman III. nahm 929 den Titel eines Kalifen an und stellte sich damit auf die Ebene des Kalifen von Bagdad. Er war ein geschickter Diplomat und mehrte die Macht seines Staates, indem er unter anderem die Verwaltung besser organisierte.

eroberten Gebieten. Zudem sorgte der neue und rege Handel für ein entspanntes Klima. Die im Orient von den Arabern schon erprobten Techniken zur Bewässerung trockener Landstriche konnten hier erfolgreich eingesetzt werden. Es wurden Obstbäume gepflanzt und Zuckerrohr, Bambus, Baumwolle, Leinen, Seide und anderes angebaut. Der Islam wurde zum wichtigsten Baustein der Gesellschaft. Die omaijadischen Emire sicherten ihre Herrschaft dank des Glaubens und dank der im Koran festgehaltenen Vorschriften, die Gehorsam und Anpassung aller forderten. Doch einige Gelehrte des Islams (Ulemas) setzten sich bisweilen an die Spitze von Aufständen, deren Ursache in der Ausbeutung der Bevölkerung, den hohen Steuern und der Korruption lag. In den ersten Jahren nach der Eroberung bildete das moslemische Spanien unter einem Gouverneur, dem *wali*, eine Provinz des Kali-

fats. Ab dem 8. Jahrhundert bildete sich daraus ein weit gehend unabhängiges Emirat unter Führung der Omaijaden, die sich nach dem Aufstand der Abbasiden (davon wird später noch die Rede sein) dorthin geflüchtet hatten.

Das spanische Emirat nabelte sich von der Macht im Osten ab, die inzwischen Bagdad zur neuen Hauptstadt erkoren hatte. Unter Abd ar-Rahman III. erreichte das arabische Spanien im 10. Jahrhundert den Höhepunkt

seiner Macht. Doch nach seinem Tod verschärften sich die bestehenden Probleme. Die gesamte Herrschaft der Omaijaden drohte zu zerfallen.

Die Abbasiden

Eine zweite große Eroberungswelle hatte im Osten Turkestan und das Gebiet um das untere Indusbecken unter die Herrschaft der Omaijaden gebracht. Die gewaltige Ausdehnung der eroberten Gebiete begünstigte in

Die Moschee

Die Tatsache, dass der Palast des abbasidischen Kalifen direkt neben der Moschee steht, ist ein Hinweis auf den Wunsch des Herrschers, als Förderer und Beschützer des islamischen Glaubens zu wirken.

Der Palast des Kalifen

Sein Grundriss war quadratisch und er stand direkt neben der Moschee. Der Haupteingang hieß das »Goldene Tor«.

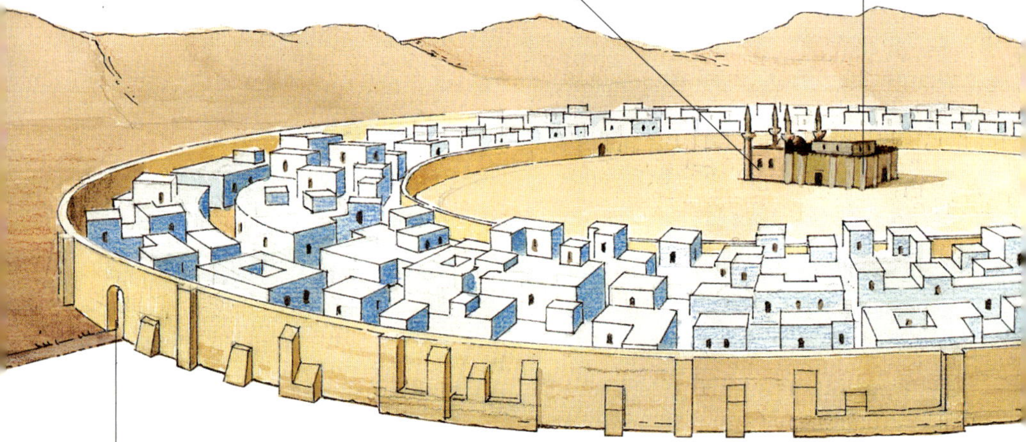

Die Tore

Die Tore in den Stadtmauern befanden sich exakt zwischen den Punkten, die in die vier wichtigsten Richtungen des Reiches wiesen: Chorasan (Nordosten), Basrah (Südosten), Kufa (Südwesten), Syrien (Nordwesten).

 entlegenen Regionen eine wachsende Verbindung zwischen Arabern und der ansässigen Bevölkerung. Gemeinsam lehnten sie sich gegen die harte Steuerpolitik der Omaijaden auf und forderten mehr regionale Befugnisse. Nachdem die Sunniten zunächst die Omaijaden unterstützt hatten, lehnten sie sich jetzt zunehmend gegen diese auf, da sie nicht länger die stärker werdenden religiösen Einmischungen dulden wollten, und auch die Schiiten hofften auf einen Zerfall der omaijadischen Macht. Die mächtigsten Gegner aber waren die Abbasiden. Sie beanspruchten, die rechtmäßigen Nachfolger Mohammeds zu sein, da sie von al-Abbas, einem Onkel väterlicherseits des Propheten (566 – 652), abstammten. 747 beschlossen sie, den Aufstand zu proben und fanden da und dort Anhänger, die – aus den verschiedensten Gründen – bereit waren, mit ihnen gegen die Omaijaden zu kämpfen. Bereits 749 wurde Abu al-Abbas zum neuen Kalifen gewählt, der umgehend alle Mitglieder der herrschenden Omaijaden-Familie hinrichten ließ. Den Machtwechsel demons-

BAGDAD

Die Stadt wurde 762 von Kalif al-Mansur (753–774) gebaut und auch »Stadt des Friedens« genannt. Geprägt von einer Symbolsprache, verweist die Stadt auf Ordnung und Symmetrie des abbasidischen Reiches, das von seinem exakten Mittelpunkt, dem Kalifen, regiert wird.

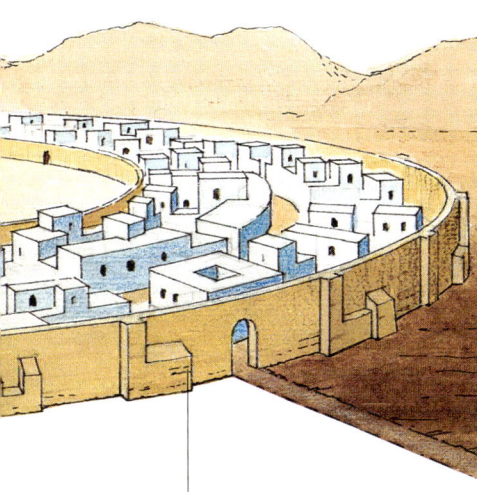

Der Mauerring
Ein streckenweise doppelter Mauerring beschützte die Stadt.

trierten die Abbasiden auch durch den Umzug der Hauptstadt von Damaskus nach Bagdad. Zu diesem Zweck wurde die Hauptstadt neu errichtet; sie sollte sehr groß und einladend sein. Bagdad konnte schon bald eine vielseitige Produktion verschiedenster Güter vorweisen.

Verschiedene Bevölkerungsschichten

Die Bevölkerung, die diese Vielfalt hervorbrachte, setzte sich aus Arabern, Syrern und Persern zusammen. Bagdad verstand sich nicht mehr als arabische Hauptstadt, die im

Samarra
In dieser Stadt in Mesopotamien, nördlich von Bagdad, begann man 848 den Bau einer großen Moschee mit spiralförmigem Minarett, das dem archaischen Stil der babylonischen Zikkurats entsprach.

Namen Allahs Eroberungskriege führte, vielmehr sollten unter seiner Führung alle Völker unter einem großzügigen religiösen Dach ihren Platz finden. Hierzu strebte Bagdad eine enge Zusammenarbeit mit den jeweiligen regionalen Eliten an. In diesem neuen Staatsgefüge verloren die Araber ihre Privilegien, die sie bis zu diesem Zeitpunkt genießen konnten, weil sie als erstes Geschlecht den Koran gekannt hatten. Das Ende der Eroberungszüge erlaubte es den Abbasiden, das gewaltige Heer stark zu verkleinern und lediglich noch an den Grenzen des Reiches Truppen zu stationieren. Eine gut funktionierende und hierarchisch gegliederte Verwaltung sorgte dafür, dass sich der Handel besser entfalten konnte. Zahlreiche Provinzen wie der Irak, Mesopotamien, Ägypten, Syrien und Persien wurden über regionale Gouverneure vom Zentrum aus regiert. In abgelegeneren Regionen war die Kontrolle wesentlich schwächer. Trotz dieser guten Organisation gab es auch Spannungen im

DAS REICH DER ABBASIDEN

Die schnelle und durchschlagende Ausbreitung der Araber verwandelte ab dem 7. Jahrhundert das westliche Mittelmeer in eine Art islamischen Binnensee und in den Häfen wurde der Handel von moslemischen Kaufleuten beherrscht.

Die Schiffe

Die Schiffe der Moslems, die im Indischen Ozean verkehrten, waren die ersten, die mit dreieckigen Segeln – fälschlicherweise Lateinersegel genannt – ausgestattet waren. Dadurch wurden die Schiffe wendiger.

Die Produkte

Die Handelsware, die aus benachbarten Regionen stammte, bestand vor allem aus Getreide und vielen verschiedenen Lebensmitteln. Aus entlegeneren Regionen (etwa über den Indischen Ozean) wurden vor allem Holz, Gewürze (besonders Pfeffer), Eisen, Zinn, Reis und Fisch eingeführt.

Reich. Vor allem die Elite der Araber, die ihre Vorherrschaft eingebüßt hatte, und die Schiiten, die zunächst die Abbasiden unterstützt hatten, sorgten für Unruhe.

Die Ordnung im Kalifat der Abbasiden
Der Staat der Abbasiden war nicht einfach zu regieren. Die Abbasiden wollten vor allem vermeiden, dass die Gouverneure der einzelnen Provinzen zu mächtig wurden und tauschten sie daher regelmäßig aus. Zudem versuchten sie, militärische Aufgaben strikt von zivilen zu trennen. Kontrollen und Eingriffe des Staates waren tief greifend, in den Dörfern wurde das bewirtschaftete Land erfasst und die erwarteten Erträge berechnet, um die staatlichen Abgaben festzulegen. Diese Erwartungen konnten nicht immer erfüllt werden. Die Steuereintreiber der Abbasiden standen oft unter dem Einfluss der örtlichen Machthaber und so war die Korruption weit verbreitet. Eine weitere Schwierigkeit beim Ausbau des Reiches der Abbasiden bestand in den unter-

Die Ausdehnung des Kalifats
Im 9. Jahrhundert entsprach der Einflussbereich des Islams zu einem großen Teil dem des Kalifats der Abbasiden. Daneben gab es allerdings einige unabhängige Staaten wie zum Beispiel das Emirat der Omaijaden von Córdoba, das später selbst in ein Kalifat umgewandelt wurde.

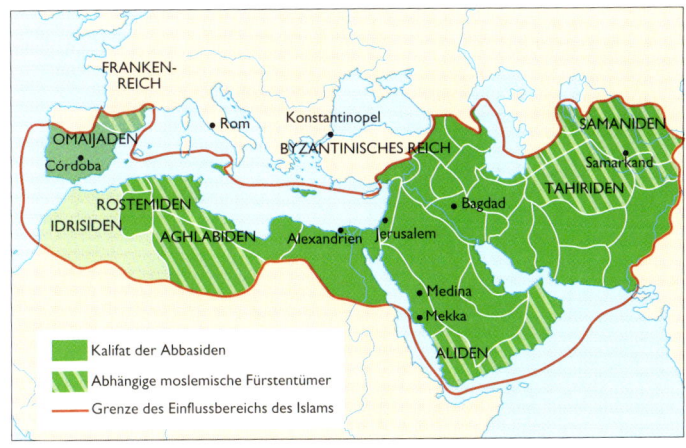

FRANKEN-REICH
Rom
Konstantinopel
OMAIJADEN
Córdoba
BYZANTINISCHES REICH
SAMANIDEN
Samarkand
TAHIRIDEN
ROSTEMIDEN
IDRISIDEN
AGHLABIDEN
Alexandrien
Jerusalem
Bagdad
Medina
Mekka
ALIDEN

Kalifat der Abbasiden

Abhängige moslemische Fürstentümer

Grenze des Einflussbereichs des Islams

Der Makler
Die Händler aus nahen und fernen Ländern, die in den Häfen der Moslems ihre Ware entluden, durften nicht nach eigenem Gutdünken mit dem Handel beginnen. Zunächst mussten sie Zoll bezahlen und danach schaltete sich ein Makler (simsar) ein, der als Dolmetscher diente und die Preise für die Ware aushandelte.

DIE HERRSCHAFT AUF DEM MEER ZUR ZEIT DER ABBASIDEN (750–1258)

Der Handel auf dem Seeweg fand mit unterschiedlicher Intensität im Golf von Persien, auf dem Indischen Ozean und auf dem Roten Meer statt. In dieser Zeit hatte Bagdad die Kontrolle über alle wichtigen Seewege und war unangefochtene Metropole des gesamten Vorderen und Mittleren Orients.

Die Häfen

Bis zum 11. Jahrhundert waren Basrah und Siraf die wichtigsten Häfen.

Die Seewege nach dem Fernen Osten

Vom Persischen Golf aus fuhren die Schiffe zu den Häfen Westindiens, nach Ceylon und zum Golf von Bengalen. Einige gelangten bis nach Malakka und Indochina und sogar bis nach Kanton in China. Doch dies war der äußerste Punkt, den niemand überschritt.

Der Seeweg nach Afrika
Händler und Matrosen befuhren die Routen Richtung Sansibar (das zum Einflussbereich Persiens gehörte), zu den Komoren und nach Madagaskar. Die wichtigsten Häfen waren Mogadischu und Kilwa.

schiedlichen Interessen der verschiedenen sozialen Gruppen: die Beduinen, die sich ihrer althergebrachten Freiheiten beraubt sahen; die militärische Elite, die nach der starken Schrumpfung des Heeres nicht mehr über Macht und Privilegien verfügte; die Bauern in den Gebirgen Persiens, die ihre Religion nicht nur auf den Islam, sondern auch auf Überreste der Lehre Zarathustras gegründet hatten; die syrischen Araber und auch die Ägypter, unter denen es zahlreiche Stammesfehden gab.

Die Literatur verherrlicht die Macht

Die Eroberungen entfernter Länder, die weiten Reisen vieler Menschen und viele neue Ansiedlungen hatten die alte und »reine« arabische Sprache, in welcher der Koran verfasst war und die Mohammed gesprochen hatte, stark verändert und den neuen Anforderungen des Alltags angepasst. Persisch und Aramäisch machten sich in der Aussprache der arabischen Wörter, aber auch in der Grammatik bemerkbar. Die Neuerungen waren so auffällig, dass die geistlichen Führer befürchteten, in absehbarer Zeit könnte nur noch ein kleiner Teil der Bevölkerung in der Lage sein, den Koran zu lesen und den Vortrag in der Moschee zu verstehen. Sie forderten die Rückkehr zu einer von fremden Einflüssen freien arabischen Sprache und so florierten seit dem 8. Jahrhundert die sprachwissenschaftlichen Studien. Es war zudem eine höfische Sprache und Literatur entstanden, die den Prunk des neuen Reiches und die Erfolge der islamischen Eroberungen feierten. Daneben erblühte auch eine traditionelle Literatur, die das Vermächtnis der Beduinen war. Und natürlich wurden viele historische Werke

verfasst, in denen die glorreichen Unternehmungen der Vergangenheit festgehalten wurden. Der Einfluss der persischen Kultur war schon unter der Herrschaft der Omaijaden spürbar und wurde unter den Abbasiden noch stärker. Persische Vorstellungen über die Macht einer unantastbaren Führerpersönlichkeit passten gut zu den Vorstellungen der Abbasiden, welche die Macht ihres Herrschers für absolut und gottähnlich hielten.

Alte Philosophen und neue Denker

Das kulturelle Erbe der Griechen gelangte nur auf indirektem Weg zu den arabischen Intellektuellen, zuvor war es von unzähligen Gelehrten interpretiert und zum Teil stark verändert worden. Die philosophischen Schulen in Athen und Alexandrien hatten fähige Nachfolger in Edessa und Nisbi und entfalteten sich in Antiochien und Bagdad. Um die Mitte des 9. Jahrhunderts wurden zahlreiche Werke der großen griechischen Denker (unter anderen Platon und Aristoteles) sorgfältig übersetzt. Von diesen Texten ausgehend, entstanden lebhafte Diskussionen unter den Gelehrten, an denen sich Philosophen, Philologen und Dichter, aber auch Naturwissenschaftler beteiligten. Zu den medizinischen Schriften Galens wurden Seminare gehalten, Anmerkungen verfasst und Verbesserungsvorschläge gemacht, die nicht nur in der islamischen Welt, sondern auch im christlichen Europa große Beachtung fanden. Philosophen wie Alfarabi (870–950) beschäftigten sich in aller Offenheit auch mit heiklen Fragen. Es wurde zum Beispiel darüber diskutiert, welche die geeignetsten Wege sein könnten, um zu einer allgemein gültigen philosophischen Wahrheit zu gelangen. War der Koran

DIE SCHRIFT

Für die Moslems war die Schrift nicht nur ein Mittel, um sich auszudrücken, sondern stellte auch einen heiligen Wert dar: Die Schrift ist das Instrument, mit dem Allah sich seinem Propheten offenbart. Sie fehlt nirgends und dient auch als Dekoration: in der Architektur, auf Keramik, Metallen, Stoffen und auch auf Pergament.

Die Schreiber

Von den ersten Sekretären Mohammeds bis zu den Schreibern Bagdads, Konstantinopels und Granadas entwickelte und etablierte sich ein neuer Berufsstand: die Kaligrafen, die eine außergewöhnliche Kunstfertigkeit beim Verzieren der Buchstaben des Alphabets erreichten.

Das arabische Alphabet

Es besteht aus 28 Buchstaben, die Konsonanten – und gelegentlich auch Zahlen – bezeichnen. Das arabische Alphabet wird von rechts nach links geschrieben. Jahrhundertelang war die kufische Schrift die gebräuchlichste.

Die Farbe der Schrift

Meistens wurde mit schwarzer Tinte geschrieben (in manchen Regionen wurde sie mit der Wolle des Widders hergestellt). Ansonsten wurden warme Farben verwendet, fast nie kalte Farben. Häufig vergoldete man die Zeichen.

DIE ISLAMISCHE MEDIZIN

Wer Arzt werden wollte, musste zunächst eine private Ausbildung durchlaufen. Man konnte bei erfahrenen Ärzten oder alleine studieren. Nach dieser ersten Phase mussten die angehenden Mediziner in den Universitäten oder Krankenhäusern Alchemie, Anatomie und Pharmazie studieren.

Der botanische Garten

Die meisten Krankenhäuser besaßen einen botanischen Garten. Die gezüchteten Pflanzen dienten zur Herstellung von Medikamenten und der Forschung und dem Studium der angehenden Ärzte.

hierzu hilfreich oder war er nicht selbst die endgültige und unantastbare Wahrheit? Dieses blühende kulturelle Klima beeinflusste die ganze Gesellschaft: Gute Kenntnisse der Literatur, Mathematik, Geschichte und Philosophie wurden als notwendige Grundlage für alle Beamten und Adligen erachtet. Wer am Hof Erfolg haben wollte, musste ein gründliches Wissen in diesen Fächern vorweisen können.

Die Auflösung des Abbasiden-Reiches: Ägypten in der Hand der Fatimiden

Weil die Abbasiden ihre Anwesenheit und Kontrolle in Ägypten vernachlässigten, brachen heftige Unruhen aus und 969 kam die Dynastie der Fatimiden, die sich auf Mohammeds Tochter Fatima zurückführten, an die Macht. Es waren vor allem starke religiöse, ismailitische Strömungen unter den Berbern, auf die sich die Fatimiden stützten. Das Ägypten der Fatimiden war keine nebensächliche Episode in der Geschichte des Islams, sondern der ernst zu nehmende Versuch, einen Staat zu bilden, der in politischer und religiöser Hinsicht zum Anführer aller islamischen Länder werden sollte.

Die Fatimiden nahmen folgerichtig für sich den Titel der Kalifen in Anspruch.

Die Fatimiden wurden bald auch von den religiösen Führern (Imame) unterstützt und weiteten ihre Herrschaft auf Nordafrika und auf Teile Syriens aus. Ägypten war der Mittelpunkt der eroberten Gebiete. Der Regierungsstil war dem der Abbasiden ähnlich: Eine effiziente Verwaltung, in der auch Christen und Juden tätig waren, bildete die Grundlage. Der Umgang mit der Macht stand bei den Fatimiden ganz in der Tradition der großen Reiche des Vorderen

Orients: Der Kalif trug auch hier heilige Züge, er lebte vom Volk abgeschieden und umgeben von einem auserwählten Hofstaat in prächtigen Palästen und hatte oft religiöse Aufgaben wahrzunehmen. Auch im Ägypten der Fatimiden wurde, im Jahre 969, eine neue und prächtige Hauptstadt gegründet: Misr al-Kahira, das heutigen Kairo.

Der türkische Islam

Die Türken stammten ursprünglich aus Zentralasien; sie bekannten sich seit dem 8. Jahrhundert zum Islam. Im Kalifat der Abbasiden gewannen sie an Bedeutung, weil einigen türkischen Offizieren die Aufgabe übertragen wurde, kleine Provinzen zu regieren. Es waren dann die türkischen Seldschuken vom Stamm der Ogusen, der nördlich des Kaspischen Meeres und des Aralsees beheimatet war, die Aufstieg und Expansion der Türken einleiteten. Unter Togrilbeg eroberten sie 1055 Bagdad, 1079 Damaskus und sechs Jahre später Antiochien und Aleppo. Verschiedene Seldschukenfamilien kontrollierten bald ein Reich, das von Syrien bis nach Afghanistan reichte. Im Westen löste dieser Erfolg Ängste aus, die sich noch verstärkten, als auch Jerusalem erobert wurde. Die Christen fürchteten, keinen Zugang mehr zu ihrer heiligen Stadt zu haben, während deren Anspruch auf Jerusalem in der islamischen Welt das Bedürfnis weckte, die Kontrolle über die Stadt zu behalten, zumal auch die Wurzeln des Islams dort liegen. Zeugnis davon legte der Felsendom ab: Diese große Moschee war 691 von den Omaijaden an der Stelle erbaut worden, die dem Islam als Ausgangsort für die Himmelfahrt Mohammeds gilt. Die zahlreichen militärischen Auseinandersetzungen, die im

Die Universität der Azhar-Moschee in Kairo
Der Bau der großen Moschee wurde 970 von Gawahr begonnen, einem sizilianisch-byzantinischen General des Fatimiden-Herrschers Muiss. Innerhalb der Moschee wurde 988 eine Universität gegründet.

DAS ÄGYPTEN DER FATIMIDEN (969–1171)

In dieser Zeit neigte die Architektur immer mehr dazu, mit Größe und kostbaren Verzierungen die politische Macht zu symbolisieren. Die neue Hauptstadt Kairo (Misr al-Kahira) mit ihren Moscheen und Punkbauten bildete die beeindruckende Kulisse für die herrscherliche Pracht.

Die Ismailiten

Die Ismailiten waren schiitische Ketzer, die Ismail, den Sohn von Dschafar as-Sadiq, für den letzten Imam, für den letzten rechtmäßigen Nachfolger Mohammeds, hielten. Der Glaube der Ismailiten hatte in Nordafrika zu Aufständen geführt, welche die Machtergreifung der Fatimiden begünstigten.

RELIGIÖSE TOLERANZ

Obwohl die Fatimiden den Ismailismus zur Staatsreligion erklärt hatten, erlaubten sie der moslemischen Bevölkerung Ägyptens, den sunnitischen Glauben beizubehalten.

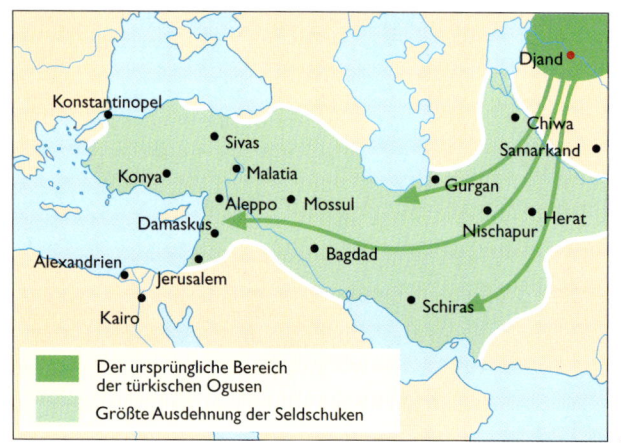

Der ursprüngliche Bereich der türkischen Ogusen

Größte Ausdehnung der Seldschuken

Die seldschukischen Sultanate

Die Seldschuken teilten sich in drei Zweige, die über Syrien, über Kirman und über den Irak und den Iran herrschten. Zudem entstand in Anatolien das Sultanat Rum (1077 – 1307). Dem Kalifen der Abbasiden blieb in Bagdad nur noch die Rolle des religiösen Führers. Zwischen 1221 und 1244 unterlagen hier die Seldschuken den türkisch-mongolischen Angriffen.

Die Anführer

Togrilbeg und Tschagribeg setzten sich an die Spitze des Heeres, besetzten Bagdad und fielen in Persien ein. Sie wurden umjubelte Sultane eines neuen und ausgedehnten Reiches, das den Irak und Chorasan umfasste.

Die große Angst

Nachdem die Seldschuken Palästina besetzt hatten, geriet der Westen in Aufruhr und beschloss 1096 auf Betreiben von Papst Urban II. zu reagieren. Jerusalem (oben der Felsendom) wurde 1099 wiedererobert und in der Region entstanden mehrere christliche Kleinstaaten, die etwa zwei Jahrhunderte existierten.

DIE SELDSCHUKEN

Die Seldschuken waren eine türkische Dynastie und ein Volk. Im 11. Jahrhundert unterwarfen die Seldschuken die Dynastie der Ghasnawiden. 1055 entmachteten sie den Kalifen von Bagdad, der allerdings weiterhin das religiöse Oberhaupt des Islams blieb. Stammvater der Seldschuken war Seldschük, der um das Jahr 1000 lebte.

12. Jahrhundert begannen und die von den Christen als Kreuzzüge bezeichnet wurden, führten zur vorübergehenden Wiederherstellung der christlichen Macht über Jerusalem.

Doch die Moslems bereiteten einen großen Gegenschlag vor. 1127 wurde Zangi, ein Offizier der Seldschuken, Emir und damit Gouverneur der Stadt Mossul. Schritt für Schritt baute er im südlichen Mesopotamien und in Syrien ein einiges Reich auf, das immer mächtiger wurde.

Der Sohn und Nachfolger Zangis, Nur ad-Din oder Nureddin, eroberte 1154 Damaskus, die alte Hauptstadt des Islams, die sich inzwischen mit dem Königreich Jerusalem verbündet hatte. Jetzt waren die Kreuzritter plötzlich mit einem mächtigen islamischen Staat konfrontiert, der unter dem Begründer der Dynastie der Aijubiden, Salah ad-Din oder Saladin (1138 – 1193), noch Furcht einflößender wurde. Der kurdische Offizier Saladin war nach Ägypten, in das kränkelnde Kalifat der Fatimiden, gereist, um die Interessen von Nur ad-Din zu wahren. 1171 verkündete er das Ende des fatimidischen Kalifats und riss die Macht an sich. Als Nur ad-Din starb, verleibte er sich auch noch Syrien ein und schuf damit ein geschlossenes syrisch-ägyptisches Reich. 1187 gelang es Saladin, Jerusalem zurückzuerobern. Es war jedoch sein Wille, dass die Stadt für Wallfahrer aller Glaubensbekenntnisse offen blieb.

Religiöse Veränderungen

Die ständigen politischen und sozialen Veränderungen, der Sturz der Abbasiden und der Erfolg neuer Führer, das alles blieb nicht ohne Auswirkungen auf das religiöse Klima. Schon zur Zeit der Kalifen wurden kritische Stimmen laut, die den Verlust des reinen

Viele Moslems begannen, an der im Namen des Islams errungenen Macht zu zweifeln und die erbeuteten Reichtümer abzulehnen. Vom 8. und 9. Jahrhundert an stellten sie die herrschende Politik in Frage, verzichteten auf weltliche Genüsse, lebten zurückgezogen und pflegten Meditation und Askese. Die Sufis werden wegen ihrer großen Mäntel aus weißer Wolle *(suf)* so genannt.

Die Anhänger

Die Sufis versammelten sich, um den Koran zu rezitieren und die großen Meister zu hören.

Die Ekstase

Der Mystiker Halladj behauptete, dass er in Trance die Gabe habe, Wunder zu vollbringen. Er hielt seine religiöse Kompetenz für größer als die der Kalifen. Deshalb wurde er 923 wegen Ketzerei zum Tode verurteilt. Oben: ein ekstatischer Tanz auf einer persischen Miniatur aus dem 15. Jahrhundert.

Der Koran

Die Sufis hielten die Rezitation des Korans für das beste Mittel, um nicht den Lastern zu verfallen, und zur Vorbereitung für die Vision Gottes.

und zur Enthaltsamkeit mahnenden Glaubens der Zeit Mohammeds beklagten. Dies war nicht zuletzt eine Reaktion auf die Entwicklung der Kalifen hin zu absoluten Herrschern, die in Prunk lebten und von einem Kreis Privilegierter umgeben waren. Es entstanden deshalb neue religiöse Gruppierungen. Hierzu zählten die mystische Strömung des Sufismus und verschiedene Sekten der Schiiten und Sunniten; unter den Schiiten, die nur die Nachkommen Mohammeds als rechtmäßige Imame betrachteten, entstanden die Ismailiten und die Imamiten. Die Sunniten traten geschlossen auf und verstanden es, immer mehr Gläubige für sich zu gewinnen. Durch das Studium und das strenge Befolgen des Hadith hatten sie sich große Anerkennung verschafft. Von ihren Ausgangspunkten in Bagdad, Medina und

Der Meister

Als Meister galten die-
jenigen, welche die
Vision Gottes erlangt
hatten. Die Hochachtung
für die Meister war groß,
so als könnten sie Wun-
der vollbringen oder
unheilbar Kranke heilen:
Dies galt als Ausdruck
göttlicher Kraft.

Basrah aus wurden immer mehr sunnitische Schulen in verschiedenen Regionen – von Persien über den Irak bis nach Syrien – gegründet. Vom 10. bis zum 14. Jahrhundert gründeten die Bruderschaften der Sufis so genannte *khanaka*. Dabei handelte sich um eine Mischung aus Schule, Kloster und Herberge für die Armen. Die Beliebtheit dieser Einrichtungen und die Zahl der Anhänger stiegen, so dass bei den Sufis eine strenge hierarchische Struktur innerhalb der Bruderschaft entstand. Die Sufis sorgten für eine gründliche religiöse Ausbildung und missionierten in immer entlegeneren Regionen. Die Sufi-Meister wurden in den Häusern der Mächtigen empfangen, um Ratschläge gebeten und von vielen verehrt. Zahlreiche *khanaka*, in denen die Gebeine berühmter Sufis aufbewahrt wurden, entwickelten sich zu beliebten Wallfahrtsorten.

Teilung und Erneuerung der islamischen Welt

Der Islam hatte in Spanien eine Gesellschaft ermöglicht, die auf Bildung, Toleranz und Wohlstand beruhte. Doch im Kampf gegen die Christen verlor der Islam die Iberische Halbinsel. In Ägypten und Nordafrika blieb er an der Macht.

Der Niedergang in Spanien

In Spanien geriet das Kalifat der Omaijaden im Laufe des 11. Jahrhunderts in die Krise und es entstanden auf der Iberischen Halbinsel zahlreiche kleine Fürstentümer, die sich ständig gegenseitig bekriegten: Hier sind vor allem die Berber in Granada und Toledo und die Amiriden in Andalusien zu nennen. Trotz dieser Aufsplitterung der politischen Macht blieb die moslemische Identität in Spanien erhalten und das Land lebte in Wohlstand. Die Lage wurde erst bedrohlich, als die Christen ihre Anstrengungen verstärkten, das Land wiederzuerobern. Nachdem Alfons VI. von Kastilien 1085 Toledo erobert hatte, griffen die Almoraviden aus Afrika ein. Sie konnten den christlichen Vormarsch aufhalten. Doch der Versuch, die Halbinsel von Marrakesch aus zu regieren, führte zum Widerstand der Bevölkerung und schwächte die marokkani-

EIN ANDALUSISCHER HAFEN
Die spanischen Moslems trieben vor allem mit den Ländern Nordafrikas Handel. Die Ware gelangte aus Persien, Indien und sogar aus China über Ägypten bis nach Spanien. Exportiert wurde von Spanien aus auch in die nördlichen Regionen des christlichen Europa.

Die Sklaven
Sie befanden sich auf der untersten Stufe der Gesellschaft und dienten als Arbeiter in den Städten und auf dem Land. Von ihrer Anzahl her waren sie für die Wirtschaft im islamischen Spanien nie von großer Bedeutung.

Die Ware
Auf den Kais der andalusischen Häfen befanden sich viele verschiedene Produkte wie Tuche, Holz, Kupfer, Alaun, Leinen, Wolle, Farben.

sche Macht, die seit 1147 in der Hand der Almohaden war. 1212 verloren diese die Schlacht von Las Navas de Tolosa gegen die Christen und dieser Niederlage folgte der unaufhaltsame christliche Vormarsch: Córdoba (1236), Valencia (1238), Murcia (1243) und Sevilla (1248) fielen.

Der Islam existierte nun in Spanien nur noch in Granada, wo die Dynastie der Nasriden bis 1492 herrschte. Die Reconquista, die christliche Wiedereroberung, löschte keineswegs das kulturelle und religiöse Erbe des Islams in Spanien aus.

Das arabische Spanien: eine Lektion in Sachen Hochkultur

Das moslemische Spanien der Zeit des Kalifats spielte – vor allem in kultureller Hinsicht – eine sehr wichtige Rolle. Die Gesellschaft war besonders offen und tolerant.

Die Händler
In der andalusischen Gesellschaft bestand die Oberschicht vor allem aus arabischen Adligen. Hierzu zählten Grundbesitzer und Kaufleute, die auf Grund ihres durch Handel erworbenen Reichtums wichtige Ämter des öffentlichen Lebens wahrnahmen.

DIE ARABISCHE WISSENSCHAFT

Die moslemischen Gelehrten (Astronomen, Mathematiker, Ärzte, Chemiker, Zoologen, Meteorologen) wurden von den Griechen, Persern und Indern beeinflusst und übertrafen sie sogar in der exakten Beobachtung der Naturphänomene und der Durchführung von Experimenten.

Das Himmelszelt

Seit dem 9. Jahrhundert wurden die geometrischen Berechnungen immer komplizierter. Der Bau von Sternwarten ermöglichte es, die Positionen der Himmelskörper und ihre Laufbahnen genauer zu bestimmen.

DIE WERKE DER ASTRONOMIE

Zu den wichtigsten Schriften der Astronomie gehören die Zusammenfassung des *Almagest* von Ptolemäus durch Averroes und *De substantia orbis*, worin der Einfluss eines weiteren wichtigen arabischen Astronomen, al-Zarqali, deutlich ist.

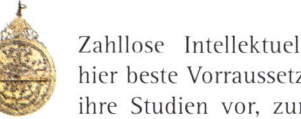

Zahllose Intellektuelle fanden hier beste Vorraussetzungen für ihre Studien vor, zum Beispiel Ibn Masarra (833 – 931), der den Versuch unternahm, die religiösen Ansichten der Schiiten mit den Prinzipien der Sufis und der platonischen Philosophie zu vereinen. In Städten wie Toledo oder Córdoba reicherten Gelehrte die Erkenntnisse und Weisheiten der Antike mit neuen wissenschaftlichen Errungenschaften an. In der Medizin wurden nicht nur die Schriften von Galen, sondern auch die von Dioskurides (er lebte im 1. Jahrhundert n. Chr.) wieder entdeckt. Bedeutend war auch das Werk von Abu l-Kasim (oder Abulcasis), der eine medizinische Enzyklopädie schrieb, die heute noch modern wirkt: Er führte gute Gesundheit auf eine ausgewogene Ernährung zurück. Seit dem 10. Jahrhundert wurden viele, vor allem astronomische und geometrische Werke aus dem Arabischen ins Lateinische übersetzt. Die Nähe von christlicher und islamischer Welt, die sich unmittelbar nach der Reconquista ergab, übte einen großen Einfluss auf Europa aus. Der kastilische König Alfons X. ordnete die Übersetzung vieler arabischer Schriften – darunter der Koran – ins Kastilische an.

Philosophen und Dichter

Am Vorabend der Wiedereingliederung Spaniens in die westliche, christliche Welt waren die kulturellen Leistungen des Landes außerordentlich. Man denke etwa an die Werke des Botanikers Ibn Baitar, des Agronomen Ibn al-Awwam oder des Entdeckers Ibn Dschubair (1145 – 1217). Die islamische Wissenschaft blühte auch in Sizilien: Unter der Herrschaft Rogers II. verfasste Idrisi im 12. Jahrhundert eines der

Die Astrologie
In der Welt des Islams spielte die Astrologie immer eine große Rolle. Die moslemischen Fürsten glaubten an Horoskope und befragten die Sterne, bevor sie etwa eine Stadt gründeten. (So ist es im Fall von Kairo und Fez geschehen.) Oben: Vorder- und Rückseite eines persischen Astrolabiums aus dem 17. Jahrhundert mit einer Himmelskarte und der Konstellation der Sterne der nördlichen Hemisphäre.

DIE BERECHNUNG DER ZEIT

Mohammed erfand eine besondere Zeitrechnung, die auf den Mondphasen beruht und schleuderte den koranischen Bannfluch über all jene, die sich nicht an sein neues System hielten.

Die Sonnenuhr
Die Araber perfektionierten dank ihres trigonometrischen Wissens dieses Instrument, das schon von den alten Griechen verwendet worden war.

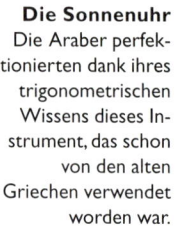

bedeutendsten geografischen Werke des Mittelalters. Und einer der bekanntesten Philosophen seiner Zeit lebte in Spanien: Ibn Ruschd, im Westen bekannt als Averroes (1126 – 1198), war ein sehr gelehrter, ja genialer Interpret Aristoteles', aber auch ein origineller und eigenständiger Denker. Mit seinem berühmten Werk *Tahafut at-Tahafut, Der Zusammenbruch des Zusammenbruchs*, löste er einen äußerst fruchtbaren

gelehrten Streit mit dem Theologen und Mystiker Ghasali aus.

Auch in der Literatur wurden in jener Zeit durch die Begegnung von europäischen und arabischen Einflüssen auf spanischem Boden großartige Leistungen vollbracht. Der reisende Dichter Ibn Quzman (er starb 1160) übernahm Elemente der christlichen Troubadoure und verschmolz sie mit seiner Tradition. In jener Zeit entstanden auch neue dichterische Formen, welche die Strophen

Die Wasseruhr
Oben: der Plan für eine Wasseruhr in einer wissenschaftliche arabischen Abhandlung von 1203.

Das Astrolabium
Dieses astronomische Instrument zur Bestimmung der Gestirne symbolisiert die wissenschaftlichen Höchstleistungen, die im moslemischen Spanien erbracht wurden. Das Astrolabium wurde durch den Astronomen al-Zarqali in Toledo perfektioniert.

Der Almanach
Auf Grund der unterschiedlichen Zeitrechnung in der islamischen und in der christlichen Welt wurden Almanache verfasst (aus dem arabischen *al-manakh*), aus denen jegliches Datum mit der Entsprechung des jeweils anderen Kalenders ersichtlich war. Das Wort taucht erstmals im Werk des marokkanischen Astronomen Ibn al-Bann (um 1300) auf.

in arabischer Sprache mit romanischen Versen *(khardscha)* ergänzten. In der vornehmen arabisch-spanischen Gesellschaft war die Poesie eine der beliebtesten künstlerischen Ausdrucksformen. Um auch in Spanien den Formen zum Durchbruch zu verhelfen, die auf begeisternde Weise die Tugenden der Herrscher priesen und in Bagdad sehr beliebt waren, kam einer der größten Sänger der abbasidischen Epoche nach Córdoba: der Dichter Ziryab (789 – 857).

Der Kalender
Das Jahr besteht aus 354 Tagen, acht Stunden und 46 Minuten, die in zwölf Mondmonate von 29 oder 30 Tagen eingeteilt sind. Rechts: die Mondphasen in einem arabischen Manuskript des 14. Jahrhunderts (Washington, The Freer Gallery of Art).

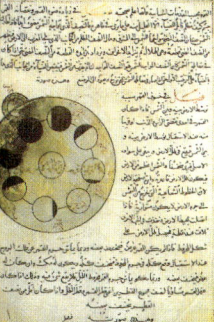

DER ARABISCHE GARTEN

Der Garten spielte mit seiner Vielfalt der Pflanzen, mit seinen Gartenbauten und Lauben stets eine herausragende Rolle in der arabischen Tradition. Er war ein Symbol für die Ruhe und Vollkommenheit des Paradieses, das im Koran mit einem riesigen blühenden Garten verglichen wird.

Das Wasser

Im Koran steht in der Sure Mohammeds, dass das Wasser im moslemischen Garten reichlich zwischen üppigem Grün und überquellenden Teichen fließt. Im Paradies gibt es zwei Quellen: Kauthar und Salsabil.

Die Gartenbauten

An den Rändern der Gärten befanden sich herrliche Bauten, in denen sich die architektonische Vielfalt der arabischen Welt spiegelte. Diese Gebäude bestanden aus sehr leichtem Material und waren so angelegt, dass man eine reizvolle Sicht auf den Garten hatte.

Die Vegetation

Die arabischen Gärten wurden mit Blumenbeeten verziert, in denen vor allem Narzissen, Hyazinthen, Tulpen und Geranien blühten.

Der Springbrunnen

In der islamischen Welt war er das Zeichen für Luxus. Vor allem im moslemischen Spanien trug er dazu bei, die Gärten der Herrschenden zu verschönern.

Eine illustrierte Fabel
Das Thema Garten ist in der islamischen Malerei sehr beliebt. Oben: eine Illustration aus der Fabelsammlung *Kalila und Dimna*, timuridische Schule, erste Hälfte 15. Jahrhunderts (Teheran, Gulistan-Bibliothek).

Die Kanäle
Wasserkanäle, die den Garten in Bereiche gliedern, sind ein typisch persisches Motiv der Gartenbaukunst. Auch die Kanäle sind ein Symbol für das Paradies: Der Koran spricht von Flussläufen, die Wasser, Milch, Wein und Honig führen.

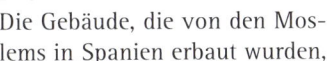

Die Architektur

Die Gebäude, die von den Moslems in Spanien erbaut wurden, fallen dank ihrer harmonischen Bauweise selbst innerhalb der insgesamt beeindruckenden islamischen Architektur noch besonders auf. Moscheen, Paläste und Bäder orientierten sich an der orientalischen Tradition, übernahmen jedoch auch zahlreiche architektonische Elemente der Römer und der Westgoten.

Im 8. Jahrhundert wurden in Spanien die ersten bemerkenswerten islamischen Bauwerke errichtet und unter dem unabhängigen Emirat von Córdoba konnte sich die Architektur voll entfalten: 785 begann, veranlasst durch Abd ar-Rachman I., der Bau der Moschee von Córdoba. In dieser Stadt ließen die Kalifen auch zahlreiche herrliche Paläste errichten, darunter die prächtige Residenz von Abd ar-Rachman III., deren Bau 936 begann und die auch als Verwaltungszentrum diente. Ein riesiger rechteckiger Komplex umfasste auf mehreren Ebenen die verschiedenen Gebäude. Zur Zeit der Almoraviden (1086 – 1145) war die Burg von Monteagudo in Murcia – berühmt für ihre prächtige Gartenanlage – das herausragendste Bauwerk. Umgeben von Räumen und überdachten Gängen, gliedert sich der Garten in vier Bereiche und zeigt persische und marokkanische Elemente.

Unter der Dynastie der Nasriden, die von 1230 – 1492 in Granada an der Macht waren, entstand eines der bekanntesten Bauwerke der islamischen Kunst: die Alhambra, die Rote – so genannt wegen des verwendeten Baumaterials. In ihrem Mittelpunkt steht ein Palast, der ab 1300 erbaut wurde. Darum herum liegen zahlreiche Höfe, um die sich prächtige Residenzen

DER FALL GRANADAS

Isabella von Kastilien und Ferdinand von Aragonien befehligten eine lange währende Belagerung Granadas, an deren Ende, 1492, das letzte moslemische Bollwerk in Spanien, ja im gesamten Westen fiel. Trotz der Vereinbarung, Glaubensfreiheit und Sicherheit der moslemischen Bevölkerung auch in den eroberten Gebieten zu gewährleisten, wurde die Anbetung Allahs bald verboten.

Die Christen

Seit dem 11. Jahrhundert, seit Papst Gregor VII., wurden sie angespornt, gegen die »Ungläubigen« zu kämpfen und das moslemische Spanien zurückzuerobern. Eine wichtige Rolle bei der Reconquista spielten die spanischen Ritterorden von Santiago, Alcántara und Calatrava.

gruppieren: Unterkünfte der Offiziere, Harem, Audienzsaal, Wohnung des Herrschers.

Der Islam im christlichen Spanien

Die gewonnenen Schlachten der christlichen Heere in Spanien führten nicht zu einem raschen Niedergang der islamischen Kultur. So wie Christen und Araber friedlich unter islamischer Herrschaft gelebt hatten, so lebten sie jetzt weiterhin unter christlichen Herrschern. Johann I. von Aragonien ist ein typisches Beispiel für das Verhalten der neuen Machthaber: Nachdem er 1238 Valencia erobert hatte, förderte er die Ansiedlung christlicher Familien in der Stadt, den Männern bot er hohe Posten in der Verwaltung an. Zugleich krümmte er jedoch den Moslems kein Haar, die weiterhin ruhig ihren Geschäften

Die Moslems

Politisch waren sie geschwächt. Trotzdem versuchten sie, den Vormarsch der Christen, der auf breiter Front erfolgte, aufzuhalten. Nach der Eroberung Granadas stießen die Christen nach Nordafrika vor und eroberten zwei weitere Städte: Melilla (1497) und Oran (1509).

Die Alhambra

Sie ist eines der bekanntesten weltlichen Bauwerke des Islams. Die Alhambra wurde im 11. Jahrhundert als Festung und als herrscherlicher Palast erbaut. Wie die großen Höfe von Bagdad und Kairo symbolisierte sie die absolute und unerreichbare herrscherliche Macht.

nachgehen und in ihren Häusern wohnen konnten. Sie waren gut organisiert – wie ein Staat im Staat: Es gab Vertreter, die ihre Interessen bei den Christen wahrten, Beamte, die sich um Handel und Finanzen kümmerten und Ordnungskräfte, die für die Einhaltung der islamischen Gesetze sorgten. Auf diese Weise war es möglich, dass Sieger und Besiegte friedlich miteinander lebten, ja es blieb den islamischen Kaufleuten vorbehalten, den Überseehandel zu kontrollieren. Auch die kleinen Landbesitzer und Bauern konnten ihrer Arbeit weiterhin und in nahezu unveränderter Weise nachgehen. Doch die Haltung des Königs stand im Gegensatz zu den Interessen von Adligen und Klerikern: Diese nutzen ihre Macht und ließen nichts unversucht, um ihre Machtposition gegenüber den »Ungläubigen« zu erweitern.

Die Christianisierung Spaniens

Die Christen fühlten sich als Sieger. Sie hatten nicht nur ein Gebiet zurückerobert, sondern die Religion der Ungläubigen »besiegt«. Die guten Beziehungen zwischen Christen und Moslems in Spanien bekamen mit der Zeit Risse, ein Vorfall in Valencia zeugt von den zunehmenden Spannungen: Die Christen griffen 1276 die Wohnviertel der Moslems an und provozierten Gegenangriffe, die ihrerseits den Machthabern den Vorwand verschafften, Güter der Moslems zu beschlagnahmen, ihnen zu schaden oder sie sogar einzukerkern. Dann erhöhte man zunehmend den Steuerdruck, zudem hob man Truppen unter den Moslems aus, was in vielen Fällen die Versklavung junger Moslems in einem christlichen Heer bedeutete. Ende des 14. Jahrhunderts wurde der Wunsch stärker, die Moslems mit Gewalt zu bekehren, und ab 1391 begann man, sie zur Taufe zu zwingen. Nach 1492, nach dem Ende der

DIE KLEIDUNG

Sie änderte sich im Lauf der Jahrhunderte. Die Kalifen und ihre Vertreter trugen gerne goldbestickte Gewänder, die abbasidischen Soldaten einen kurzen Mantel, *kaba* genannt, die Beamten einen langen und vorne zugeknöpften Rock *(durra)*.

Der Turban

Er besteht aus einem Stofftuch, das um eine Kappe gewickelt wird. Im islamischen Brauchtum zeichnen sich damit die Männer aus, die nicht zum Militär gehören. Bei den Mamelucken wurde er von Professoren, Juristen und Würdenträgern am Hof des Herrschers getragen. Oben: Darstellung der Ankunft des Propheten in Medina in einem religiösen Manuskript (Lahore, um 1800, Galerie J. Soustiel).

Die Kleidung auf dem Land

Verglichen mit der üblichen Stadtbekleidung waren die Gewänder der Landbevölkerung aus gröberem, wollenem Gewebe. Oben: eine Szene des Landlebens (Persien, um 1540).

moslemischen Herrschaft in Granada, hatte jeder Nichtkatholik in Spanien ein schweres Leben und schon bald boten sich den Moslems nur noch zwei Möglichkeiten: sich zum Christentum bekehren oder auswandern.

Von den Aijubiden zu den Mamelucken
1193 starb Saladin, den die Christen fürchteten, obwohl auch sie diesem herausragenden islamischen Führer kurdischer Abstammung aus der Sippe der Aijubiden

Der Schleier
Der Schleier der Frau, der meistens das ganze Gesicht bedeckt, ist im Westen als Tschador bekannt. Oben: eine Miniatur aus dem 16. Jahrhundert (Paris, Bibliothèque Nationale).

Der Schal
Beim Besuch der Moschee oder bei einer Feier trug man oft einen langen weißen Schal *(khami)*. Oben: Eine türkische Miniatur zeigt Medinas Honoratioren, die ein Bankett geben.

Die Stadtkleidung
Für die Stadtkleidung bevorzugte man Stoffe aus Leinen oder Seide. Oben: Miniatur aus der *Wunderbaren Geschichte Mohammeds in Versen* (Paris, Bibliothèque Nationale).

Respekt zollten. Sie bewunderten seine politische Schläue und seine Toleranz in religiösen Fragen. Die Dynastie, die er begründete, blieb ein halbes Jahrhundert lang an der Macht. Ihr Einfluss reichte von Tunesien bis nach Armenien; der Mittelpunkt der Macht Saladins und seiner Nachfahren blieb jedoch immer in Ägypten. Auch als das Reich dreigeteilt wurde (mit den Zentren Damaskus, Aleppo und Mossul), blieb der ägyptische Teil immer der wichtigste. Ein besonderer Zug der Politik der Aijubiden bestand darin, ein Gleichgewicht mit den Christen zu finden. Saladin vereinbarte nach der Rückeroberung Jerusalems, dass die Heilige Stadt den Gläubigen aller Religionen offen sein sollte. Sein christlicher Verhandlungspartner war König Richard I. von England, Richard Löwenherz, der einen dritten Kreuzzug (1189 – 1192) durch das Heilige Land führte. Auch die Nachfolger Saladins waren darauf bedacht, sich mit den Christen zu arrangieren, um die Lage im Mittelmeerraum, wo sie die wichtigsten Handelsrouten kontrollierten, ruhig zu halten. Daher erneuerten sie immer wieder die Abkommen und waren auch zu Zugeständnissen bereit. 1229 schlossen sie mit Kaiser Friedrich II. einen Vertrag, in dem sie sich sogar bereit erklärten, auf Jerusalem zu verzichten, falls die Stadt für Moslems offen bliebe und von den Christen nicht befestigt würde.

Das Ägypten der Mamelucken (1250 – 1517)

In den ägyptischen Truppen dienten die Mamelucken, tüchtige Soldaten, die ursprünglich – meist türkische – Sklaven waren. Als 1250 ein Mamelucken-Regiment

DIE WIRTSCHAFT

Die Spannungen zwischen Christentum und Islam vom 12. bis zum 16. Jahrhundert behinderten die rege Handelstätigkeit der Ägypter nicht. Sie beherrschten die Seewege Richtung Osten. Die Händler wurden sehr reich und bescherten Kairos Suks einen nie da gewesenen Wohlstand.

Der Balkon

In jedem Mamelucken-Haus gab es ein Wohnzimmer, das als Aufenthaltsraum und für die Bewirtung der Gäste diente. Aus dessen Fenster zum Hof entwickelte sich mit der Zeit ein Balkon, der dem Hausherrn eine bessere Kontrolle über das Treiben im Innenhof (kosk) ermöglichte.

Die Läden

Die Geschäfte befanden sich im Erdgeschoss. Sie waren nach alter mediterraner Tradition für den Verkauf von Teppichen, Stoffen und verschiedensten Gegenständen bestimmt.

Der Bogengang
Er war ein typisches Element des
mameluckischen Hauses. Der offene
Bogengang (maq'ad) diente als Ver-
bindung zwischen den verschiedenen
Häusern und hatte meistens eine
oder zwei Arkaden.

Das Portal
In den mamelucki-
schen Häusern war
der Haupteingang oft
reich verziert und
führte vom Innenhof
zu den Wohnungen.

TAUSENDUNDEINE NACHT

Das Werk *Alf laila wa-laila* war im Orient schon lange Zeit bekannt, als es um 1500 in Ägypten schließlich seine definitive Gestalt erhielt. Im Westen wurde es in seiner Gesamtheit zu Beginn des 17. Jahrhunderts durch den Franzosen Antoine Galland bekannt; seine Übersetzung basierte auf einem syrischen Manuskript, dessen Ursprünge aber in Ägypten lagen.

Sindbad der Seefahrer

Sindbad ist ein reicher Händler aus Bagdad und der Held der sieben Geschichten, die von seinen Seereisen erzählen, dank deren er sein Vermögen noch vergrößert.

Scheherezade

Sie war die Tochter des königlichen Wesirs und wie die anderen Frauen des Königs von Samarkand zum Tode verurteilt. Um den schrecklichen Taten des brutalen Königs ein Ende zu setzen, erdachte sie einen Plan. Der schlauen Prinzessin gelang es, den König jeden Abend mit einer neuen Erzählung zu fesseln. Nach *Tausendundeiner Nacht* schenkte ihr der König das Leben.

Der König

Nachdem er seine untreue Frau umgebracht hatte, nahm die Rache des Königs kein Ende: Jeden Abend heiratete er eine andere Frau und ließ sie am nächsten Morgen umbringen.

Der Geist
Ihm verdankt Aladin, dass alle seine Wünsche in Erfüllung gingen. Der Geist in Aladins Wunderlampe war sogar in der Lage, die unerreichbare Prinzessin Budur zur Heirat mit Aladin zu bewegen

Ali Baba
Er ist der Held einer der bekanntesten Geschichten aus *Tausendundeiner Nacht*. Ali Baba entdeckte das Geheimnis, wie man in die Höhle der 40 Räuber gelangen konnte. Dort holte er sich die Schätze der Räuber.

den Aufstand probte, wurde der Herrscher der Aijubiden getötet, die Revolte entpuppte sich daraufhin als regelrechter Staatsstreich und ein Offizier der Mamelucken namens Aybak wurde zum Sultan ernannt. Als Berufssoldat stützte er sich voll und ganz auf das Heer, regierte mit harter Hand und beutete die Bevölkerung aus.

Offiziere besetzten auch wichtige Stellen in der Verwaltung und kamen bald in den Genuss großer Privilegien. Allerdings zerstörten die Mamelucken nicht den Staatsapparat, den sie gewaltsam übernommen hatten.

Anders als ihre Vorgänger legten die Mamelucken großen Wert darauf, die Landesgrenzen zu sichern, sodass es zu zahlreichen Schlachten gegen die Christen kam: 1291 besiegten sie auch den letzten christlichen Kreuzfahrerstaat. Der Erfolg des Heeres der Mamelucken lässt sich mit der ausgezeichneten Schulung der Soldaten erklären. Außerhalb Ägyptens wurden sehr junge Sklaven gekauft, gut erzogen, gründlich auf die Kämpfe vorbereitet und auf absoluten Gehorsam den Vorgesetzten und dem Sultan gegenüber gedrillt.

In jener Zeit entstand ein immer prächtigerer Kult um den Sultan. Es wurden ihm übermenschliche Fähigkeiten zugesprochen. Demnach war er in der Lage, die Götter milde zu stimmen, Einfluss auf das Kommen und Gehen der Jahreszeiten auszüüben und bei Bedarf sogar für starke Regenfälle zu sorgen.

Der »Dynastie« der Mamelucken gelang es jedenfalls, Ägypten nicht nur eine gewisse Stabilität zu sichern, sondern das Land auch zu einem bedeutenden Zentrum für Kunst und Kultur zu machen.

Von der Krise zu neuen Reichen

Nach dem Zerfall des Kalifats der Abbasiden und der *Pax Mongola* begann in der Türkei der Aufstieg der Osmanen. In Persien und Indien entstanden neue grenzüberschreitende Imperien, in denen verschiedene Sprachen, Sitten und Traditionen gemeinsam existierten.

Der Ansturm der Mongolen

Gegen Ende des 12. Jahrhunderts wurden einige Nomadenvölker Zentralasiens durch Dschingis Chan (um 1162 – 1227) geeint. Er war der Sohn des Anführers eines Nomadenstammes, der Mongol hieß und nach dem die vereinten Stämme benannt wurden. Ziel der Mongolen war es, »die ganze bekannte Welt« zu erobern. Der Gedanke, dass ein Gott Dschingis Chan und sein Volk zu diesem Schicksal erkoren hatte, beflügelte den siegreichen Vorstoß in aller Herren Länder. Der Name Dschingis Chans wurde schnell zur Legende und war überall gefürchtet. Doch nach seinem Tod geriet der Eroberungszug der Mongolen ins Stocken. Das Reich, das Bagdad und Zentralasien umfasste, wurde unter den vier Söhnen aufgeteilt, die sich alsbald gegenseitig bekämpften. Aus diesen Auseinandersetzungen ging in den nördlichen Steppen die Goldene Horde

DIE MONGOLEN

Sie waren in 130 Regimenter und eine besondere Garde, die unter dem Kommando mehrerer Fürsten stand, aufgeteilt. Sie huldigten einem allmächtigen Gott, der jeweils unterschiedliche Gestalt annehmen konnte.

Dschingis Chan

Nachdem er Herr der gesamten Mongolei geworden war, nahm er 1206 den Titel Dschingis Chan an und die Völker der Steppe, insbesondere die Mongolen, verehrten ihn fortan als »Größten aller Herrscher«. Nach seinem Tod wurde er als göttliches Wesen verehrt. Links: Dschingis Chan erobert China, persische Miniatur aus dem 14. Jahrhundert (London, Britisches Museum).

hervor, in Zentralasien das Chanat (die mongolischen Fürsten trugen den Titel eines Chans) Tschagatai und in Persien, Mesopotamien und Anatolien das Reich der Ilchane. Der Einfall der Mongolen in Persien führte zu einem Blutbad, aber Ende des 13. Jahrhunderts beruhigte sich die Lage. Es wurden Maßnahmen eingeleitet, um die Landwirtschaft und den Handel mit China zu fördern. Die früheren Beamten durften wieder ihre Arbeit aufnehmen, all dies führte zu neuem Wohlstand und zu einer Festigung des Staates. In dieser Zeit nahm die Mehrheit der mongolischen Führungsschicht den islamischen Glauben an.

Timur und die *Pax Mongola*

Bei jeder Thronfolge kam es in Persien und Anatolien zu Kämpfen zwischen rivalisierenden Erben. Dies und die vielen Sonderinteressen führten schließlich dazu, dass das Reich der Ilchane zerfiel: 1336 löste es

Die militärische Technik
Nachdem sie in Kontakt mit den Chinesen getreten waren, änderten die Mongolen ihre Strategie: Sie belagerten jetzt Städte und setzten Artillerie ein.

Kriegslisten
Die Mongolen waren in allen militärischen Dingen besonders geschickt: Sie griffen gerne von den Seiten an, kreisten ihre Gegner ein und täuschten Fluchtbewegungen vor, die den Feind verwirrten.

Timur

Die Geburt Timurs wurde von den Astrologen genau untersucht, da sie zu einem Zeitpunkt stattgefunden hatte, an dem die Gestirne eine seltene Konstellation eingegangen waren. Dies überzeugte das Volk, dass Timur zu großen und unauslöschbaren Taten bestimmt worden war. Links: der triumphale Einzug des Führers in Samarkand, persische Miniatur aus dem 15. Jahrhundert.

IN SAMARKAND

Die Religion wurde in dieser Zeit stark von den Sufis geprägt, die unter den Händlern und Handwerkern viele Anhänger hatten.

Die Madrasa

In dieser Schule wurden Theologie, Recht, Grammatik und Literatur unterrichtet. Das Bild zeigt eine Madrasa in Samarkand mit einem *ivan*, einer Studienhalle.

Die Studenten

Sie lebten in den Zellen, die um den Hof angeordnet waren.

Ein Ulema

Die Ulemas waren Gelehrte, die sich vor allem Recht und Religion widmeten. In der Madrasa lebten sie in engem Kontakt zu den Studenten.

sich in viele Kleinstaaten auf, die bald in den Einflussbereich eines neuen mongolischen Fürsten gerieten: Timur oder Tamerlan, »der Lahme« (1370 – 1405), begann als einfacher Söldner, versammelte Getreue um sich und verbündete sich mit religiösen Gruppen (Sufis und Ulemas vor allem), um – nach der Einnahme Samarkands – Anatolien, das nördliche Syrien, Persien und Nordindien zu erobern. Er nutzte seine Beziehungen zu den hohen religiösen Würdenträgern und er vergaß nie zu betonen, dass seine militärischen Aktionen nur der Verbreitung des islamischen Glaubens dienten. Mit dem Hinweis auf die Religion rechtfertigte er alle seine politischen Handlungen.

Nach seinem Tod wurde das Reich zweigeteilt. In den beiden neuen Zentren Samarkand und Herat wurden prächtige Bauwerke errichtet, in Samarkand etwa das berühmte Mausoleum für Timur (Gur-Emir).

Während der Friedenszeit, die auf die Eroberungen der Mongolen folgte, blühte die Kultur im islamischen Orient wieder auf. Vor allem wissenschaftliche Arbeiten und die Erstellung von Enzyklopädien wurden vorangetrieben. Damals entstand auch eine neue Art von Miniaturen. Diese Kunstform war in Persien schon seit langem bekannt, doch der chinesische Einfluss führte dazu, dass nun auch in Persien Landschaften und Menschen dargestellt wurden. Diese raffinierten Miniaturen waren vor allem für die kunstvolle Verschönerung der Paläste der Herrscher und der Villen hoher Beamter gedacht.

In der Religion waren die Veränderungen besonders stark zu spüren: Die Ungewissheit über die politische Zukunft und der

Ansturm kriegerischer Völker – die Mongolen hatten bewiesen, wie schnell das geschehen konnte – verhalfen der Mystik zu größerer Verbreitung. Sufi-Prediger wurden immer beliebter und übten ihre Tätigkeit auch in vielen Schulen aus. Daneben blieben alte Volksüberlieferung und vor allem der Aberglaube lebendig, was einer Schar von Magiern, Scharlatanen und Schamanen zu großem Ansehen verhalf.

Das Reich der Safawiden

Dem reichen kulturellen Leben entsprach allerdings die politische Lage keineswegs. Tiefe Risse durchzogen die persische Gesellschaft, die vor allem durch aufrührerische Stämme und unzufriedene Hirten verursacht wurden. In dieser heiklen Lage der Fremdherrschaft und Unsicherheit gelang es einer neuen Bewegung, die Macht zu übernehmen: Die Safawiden hatten ihren Namen von Safi od-Din, einem religiösen Erneuerer, der 1334 gestorben war. Unter der Führung Ismails (1487 – 1524) eroberten sie Persien. Ismail behauptete von sich, die Reinkarnation Alis und im Besitz einer alten religiösen Weisheit zu sein, die islamische, buddhistische und christliche Elemente vereinte. Ismail und seine Nachfolger beherrschten Persien von 1501 – 1722.

Der Islam in Indien

Die Begegnung der islamischen Kultur mit derjenigen, die sich im Zeichen des Hinduismus in Indien entwickelt hatte, führte zu einer neuen und eigenständigen Gesellschaftsform. Schon sehr früh war der Islam bis nach Indien vorgedrungen: erstmals 700 und später vor allem zwischen 1170 und 1190. Seit dem 12. Jahrhundert hatte die

Die Teppiche
Sie waren im Alltag der Nomaden unverzichtbar. Zudem wurden sie benutzt, um die heiligen Bereiche in den Moscheen zu bedecken, und sie zeugten vom guten Geschmack der Kaufleute und Fürsten.

DER BASAR

Jede moslemische Stadt hat zwei Zentren: Die große Moschee bildet den einen, der Basar den anderen Mittelpunkt. Die Buchhändler befanden sich traditionell im religiösen Bereich des Basars, näher zur Moschee, während die Kaufleute, die weniger geachtete Waren anboten, sich in der entgegengesetzten Richtung postierten.

Keramik

Unter Timur erreichte die Keramik ihren künstlerischen Höhepunkt. Neben der kalligraphischen Gestaltung, die Formen der Schrift aufnahm, gab es den geometrischen und den floralen Stil sowie die Arabesken mit ihren Rankenornamenten.

KULTUR UND MACHT

Die Schaffung einer einheitlichen Sprache und Mentalität in der Führungsschicht war das Ziel der moslemischen Politik in Indien. Hindus und Moslems beeinflussten sich in allen Bereichen gegenseitig: Vor allem für Kleidung, bildende Kunst, Architektur und Literatur war dies eine Bereicherung.

Die Mogularchitektur

Die Architektur der Zeit der Moguln zeigt eine Synthese des hinduistischen Stils – schwer wirkenden Bauten mit flachem Gebälk aus Stein – und des raffinierteren und harmonischeren Stils, der für die moslemische Architektur typisch ist.

Der Taj Mahal
Vor der Gründung Delhis war Agra lange Zeit die Hauptstadt. In Agra, am Ufer der Jamuna, erhob sich eine uneinnehmbare Festung. Hier ließ Shah Jahan zwischen 1632 und 1654 den Taj Mahal errichten, der zum Symbol der moslemischen Kunst in Indien wurde. Oben: die Gartenanlage, wo Shah Jahan und seine Frau Mumtaz-i-Mahal begraben liegen.

Der Garten
Die Moguln bauten prächtige, von Mauern umfasste Grabgärten, die nach kosmologischen Prinzipien angelegt waren und denen die Idee zu Grunde lag, dass sich das Leben im Jenseits in einem Garten abspielt.

Babur (1483–1530)
Er ist der Gründer der Moguldynastie. Väterlicherseits ist er ein Nachkomme Timurs und mütterlicherseits Dschingis Chans.

persische Dynastie der Ghuriden viele wichtige Städte wie Peshawar, Lahore und Delhi erobert. 1206 gelang es dem Herrn von Delhi, sich unabhängig zu machen und eine lange Reihe kurzlebiger Dynastien zu begründen: Diese so genannten Sultanate von Delhi existierten bis 1526. Die politische Instabilität öffnete auch hier Babur, einem geschickten Söldner und Nachfahren Timurs, die Tore und es gelang ihm, die Macht in Delhi an sich zu reißen. Mit ihm begann das Mogulreich, das vor allem unter seinem Enkel Akbar dem Großen (1556 – 1605) Gestalt annahm und über drei Jahrhunderte lang (1526 – 1858) bestehen sollte.

Die Verwaltung dieses neuen Staatsgebildes war aus zwei Gründen nicht einfach zu bewältigen: Einerseits bereitete die Größe der zu kontrollierenden Gebiete Schwierigkeiten – zur Zeit seiner größten Ausdehnung umfasste das Reich Mittel- und Nordindien und reichte bis nach Afghanistan – andererseits war es kein leichtes Unterfangen, die verschiedenen sozialen Schichten und religiösen Strömungen in diesem großen Reich zu versöhnen. Die herrschende Schicht bestand stets aus Afghanen, Persern und Türken, hinzu kamen die örtlichen moslemischen Eliten. Diese Oberschicht verhielt sich tolerant gegenüber der Minderheit der Hindus und hatte den Staat auf einen wirtschaftlichen und kulturellen Höhepunkt geführt, als Aurangseb (1658 – 1707) die Macht übernahm. Dieser begann ab 1659 das friedliche Zusammenleben von Hindus und Moslems systematisch zu zerstören und das Reich mit dieser Politik derart zu schwächen, dass es schließlich zur leichten Beute fremder Eroberer werden konnte.

Die indisch-islamische Gesellschaft

Im Mogulreich war die Gesellschaft streng hierarchisch gegliedert: An der Spitze stand der Adel, dessen Macht durch Bodenbesitz gewährleistet wurde und der darüber frei verfügen konnte, allerdings eine Steuer an den Herrscher abzuführen hatte. Die Adligen waren außerdem verpflichtet, dem Heer eine bestimmte Anzahl gut ausgebildeter Leute zur Verfügung zu stellen. Am unteren Ende der Pyramide unterschied sich der Grad der Armut je nach Region erheblich. Der Staat kontrollierte zwar seine Beamten, er konnte jedoch nicht immer den Machtmissbrauch verhindern, und obwohl die Ärmsten der Armen keine schlechteren Bedingungen zu erdulden hatten als früher, führten wiederholte Hungersnöte (1556 – 1557; 1573 – 1574; 1630 – 1632) in den Gebieten von Agra, Gujarat und des Deccans

Mit dem Heiligenschein
Gelegentlich wurde in der Malerei die Verehrung für die Herrschenden durch einen Heiligenschein betont. Jesuitische Missionare hatten dieses Element christlicher Kunst vermittelt. Oben: In dieser persischen Miniatur haben die Künstler auch Mohammed mit einem Heiligenschein gemalt (Universität Edinburgh).

Das Gespräch mit dem Herrscher
Alle bei königlichen Audienzen anwesenden Menschen durften niemals mit dem Rücken zum Herrscher stehen. Wenn sie mit ihm sprechen durften, mussten sie einen ihrem Rang entsprechenden Abstand halten.

AM HOF DER MOGULN
Ein aufwändiges Zeremoniell spiegelte sowohl die persische als auch die hinduistische Herrschervorstellung wider. In der persischen Tradition war der Herrscher verantwortlich für Ordnung und Gleichgewicht, in der hinduistischen bildete er den wahren Mittelpunkt der Welt.

unter der verzweifelten Bevölkerung zu unzähligen Toten und zahlreichen Fällen von Kannibalismus. Doch in den glücklicheren Jahren erlebte unter der islamischen Mogulherrschaft die Kultur eine Blütezeit, was nicht zuletzt der Toleranz gegenüber anderen Religionen, Lebensstilen und Meinungen zu verdanken war. Viele Denker und Dichter konnten sich am Hof des Großmoguls entfalten, wo auch Maler und Architekten – Letztere standen

noch unter dem starken Einfluss der Perser – gefördert wurden. Dagegen konnten sich Strömungen aus dem Westen nicht durchsetzen. Die Portugiesen hatten sich 1510 in Goa einen Stützpunkt geschaffen, aber sie blieben stets feindlich gesinnt, obwohl die Moguln durchaus ein Interesse an guten Beziehungen zum Westen hatten – zumindest solange Portugal nicht durch kriegerische Unternehmungen einen friedlichen Ausgleich verhinderte.

Der Thron
Aus den zeitgenössischen Gemälden geht hervor, dass die kaiserliche Majestät auf ihrem Thron für ihre Untergebenen unnahbar wirken sollte. Zudem wird die Hierarchie der Höflinge durch den Abstand deutlich, den sie zum Podest des Moguls einhalten mussten.

CHINA UND DER ISLAM
Gemäß chinesischer Überlieferung
war der Islam in China schon
bekannt, bevor ihn Mohammed
nach seiner Offenbarung dort
verbreiten konnte.

Mohammed
Er übergibt dem
Gesandten des Herr-
schers die bereits
verfassten Inhalte des
neuen Glaubens und
stellt seinen Onkel vor,
Sa'd ibn Abi Wakkas,
dessen Aufgabe es ist,
die neue Religion zu
verbreiten.

**Der Botschafter
des Herrschers**
Ein Gesandter
des Herrschers er-
hält von Mohammed
einige Teile des
Korans.

Der Islam in Südostasien und in China

Das arabisch-persische Han-
delssystem, das schon vor dem 8. Jahrhundert entstanden war und sich danach zu
einem dichten Netz entwickelt hatte, ging
einher mit der Verbreitung der moslemischen Religion. Der Islam fasste Fuß in
Südostasien, von der Halbinsel Malakka
über Indonesien bis auf die Filippinen; Ma-
laysia und Borneo lernten im 15. und 16.
Jahrhundert die neue Religion kennen.
Hingegen ist nicht genau bekannt, wann
die moslemischen Araber in China auf-
tauchten. Die frühesten Hinweise gehen
auf das 10. Jahrhundert zurück, gegen Ende des 12. Jahrhunderts berichtete Marco
Polo, dass im südöstlichen China Moslems
lebten. In der Zeit zwischen 1260 und
1368 gelangten viele Söhne Allahs in ver-
antwortungsvolle Positionen innerhalb der
chinesischen Verwaltung. Später, vor allem

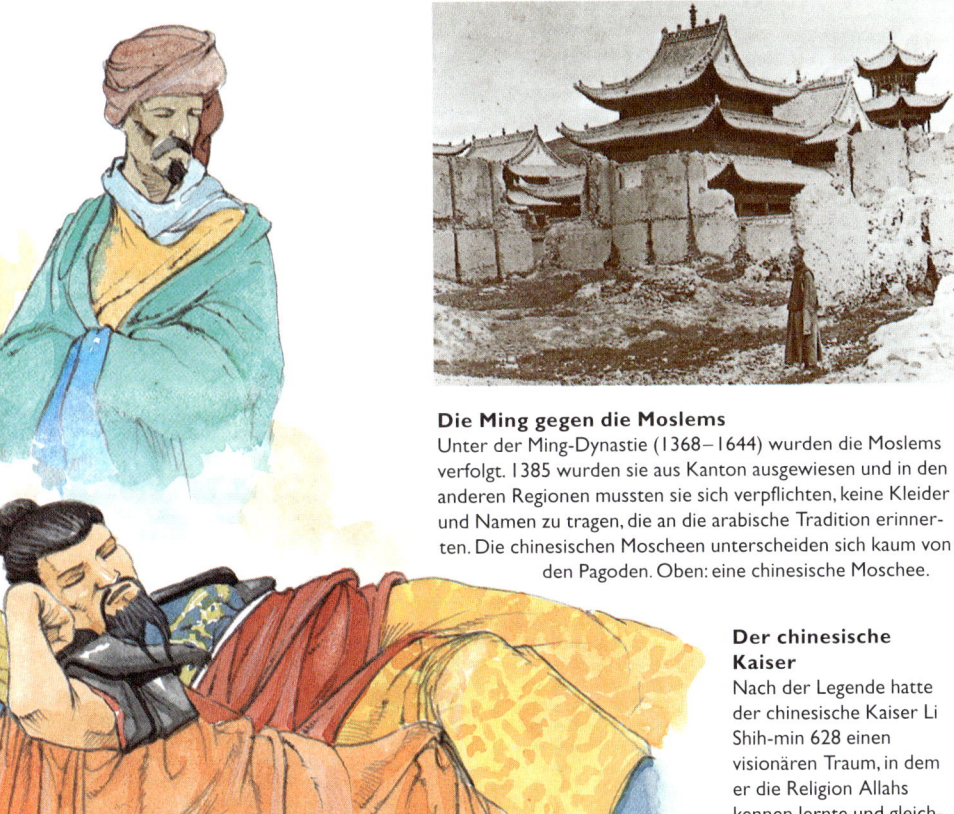

Die Ming gegen die Moslems

Unter der Ming-Dynastie (1368–1644) wurden die Moslems verfolgt. 1385 wurden sie aus Kanton ausgewiesen und in den anderen Regionen mussten sie sich verpflichten, keine Kleider und Namen zu tragen, die an die arabische Tradition erinnerten. Die chinesischen Moscheen unterscheiden sich kaum von den Pagoden. Oben: eine chinesische Moschee.

Der chinesische Kaiser

Nach der Legende hatte der chinesische Kaiser Li Shih-min 628 einen visionären Traum, in dem er die Religion Allahs kennen lernte und gleichzeitig den Auftrag erhielt, den neuen Glauben in China zu verbreiten.

während der Ming-Dynastie, wurden sehr viele »Fremde« des Landes verwiesen. Denjenigen, die bleiben durften, war es verboten, sich frei im Land zu bewegen, sie mussten ihre Namen ändern und andere Kleidung tragen, damit nichts an ihre Herkunft und Religion erinnerte. Die Mandschu, vor allem Kaiser Ki'en-lung (1736 – 1796), beendeten diese stark von Fremdenhass geprägte Politik. Doch damit waren die Probleme der Moslems in China nicht gelöst, denn mit dem Niedergang der kaiserlichen Macht kam es wieder zu Konflikten. Zu Beginn des 19. Jahrhunderts brachen blutige Unruhen aus und – zwischen 1855 und 1873 – kamen in China während verschiedener Aufstände mindestens eine Million Moslems ums Leben. Die Schwierigkeiten, auf die der Islam in China stieß, sowie der geringe kulturelle Austausch mit den klassischen islamischen Ländern, führte zu starken religiösen Abweichungen: So

Der westliche Sudan

Die Region war in mehrere Kleinstaaten aufgeteilt, von denen im 10. Jahrhundert Ghana die größte Bedeutung zukam. Nachbarstaaten waren Tekrur am Senegal sowie Kawkaw am Mittellauf des Nigers.

Handel mit den Mittelmeerländern

Aus dem Sudan kamen Gold (aus der Gegend von Babouk), Kupfer, Stoffe und Felle. Zudem blühte der Sklavenhandel. In dieser Zone, der Hauptquelle für Edelmetalle in Nordafrika, entstanden prächtige Städte.

Der Sahel

Er liegt am Rande der Sahara. Die karge Vegetation erlaubte es immerhin, Viehzucht zu betreiben.

DIE GESELLSCHAFT IM SUDAN

Der Sudan erstreckte sich – ohne genaue Definition seiner Grenzen – zwischen der Sahara und dem Äquator. Der Name kommt von dem arabischen »Bilad es-Sudan«, was »Land der Schwarzen« bedeutet. Die sudanesische Gesellschaft verteilte sich auf kleine Gebiete, die von Königen regiert wurden. Ein König herrschte dank der Beziehungen seines Klans oder eines abhängigen Klans über mehrere Gebiete.

Die Savanne
In den Savannen wurden Erdnüsse, Baumwolle, Tabak und Hirse angepflanzt.

nahm der chinesische Islam durch die Isolierung keine Anregungen des Sufismus auf, während er aber auf der anderen Seite konfuzianische Elemente übernahm.

Afrika südlich der Sahara

In Afrika wurde der Islam über Nordafrika hinaus durch Händler, Kolonisten und einige Prediger in verschiedenen Regionen verbreitet; da und dort entstanden kleine Gruppen gläubiger Moslems. Schließlich begünstigte die Bekehrung von Herrschern die Verwurzelung des Islams in Afrika. Oftmals hatte diese Annahme der Religion ganz banale Gründe: Die Führer rechneten sich materielle Vorteile aus. Viele wohlhabende arabische Händler nahmen Schlüsselpositionen in den lokalen Verwaltungen ein und kontrollierten sogar die Finanzen. Im 10. und 11. Jahrhundert nahmen – neben anderen – die Herrscher von Ghana, Kawkaw, Tekrur und Borno den Islam an. Die stärkste Macht in Zentral- und Südafrika war zunächst Ghana, das dann im 13. Jahrhundert von Mali abgelöst wurde. Und Mali sollte den Islam in der ganzen Region und für lange Zeit prägen. Auch hier wurde der König zugleich religiöses Oberhaupt: Er war oberster Richter im Sinne des Korans, Erbauer der Moscheen, von ihm hing die Berufung der Prediger ab (viele kamen aus Kairo oder Fez) und er kontrollierte das gesamte religiöse Leben des Landes.

Die Osmanen

Mitte des 13. Jahrhunderts kam es in Anatolien zu einem entscheidenden und folgenreichen Ereignis: Die Mongolen schlugen die Seldschuken und zwangen sie, ihre

Vasallen zu werden. In der Folge strömten zahlreiche türkische Volksgruppen in das Land. Sie ließen sich meistens an der Grenze zum Byzantinischen Reich nieder und formten mehrere Kleinstaaten. Eingekeilt zwischen den christlichen Gebieten und dem beunruhigenden Druck der Mongolen, richteten diese Fürstentümer ihr Augenmerk auf neue, reichere Länder und suchten ihr Heil im Krieg. So erfolgte der Aufstieg des Staates, an dessen Spitze Ertogrul, später sein Sohn Osman (1259 – 1326) und schließlich sein Enkel Orhan (1326 – 1362) standen. Letzterem gelang es, ein einiges und gut organisiertes Staatsgebilde mit der Hauptstadt Bursa in Bithynien aufzubauen, von wo aus die Eroberung des Balkans, soweit er zum Byzantinischen Reich gehörte, erfolgte; dann waren das nördliche Griechenland, Makedonien und Bulgarien an der Reihe, 1389 wurde das Kosovo erobert und 1393 standen die türkischen Osmanen an der Donau.

Diese islamischen Erfolge versetzten den Westen in einen derartigen Alarmzustand, dass 1396 und 1444 wieder Kreuzzüge gegen die Türken unternommen wurden.

Der Siegeszug der Osmanen hing nicht allein mit ihrer Aggressivität und ihrem kriegerischen Geschick zusammen, vielmehr trugen die Fehler und Schwächen der Byzantiner ganz erheblich zur Ausbreitung des Islams bei. Johannes VI. Kantakuzenos zum Beispiel erhielt von Orhan Hilfe, um seinen Widersacher, Kaiser Johannes V. Paleologos (1341 – 1391), auszuschalten. Im Gegenzug erhielt Orhan die Tochter Kantakuzenos, Theodora, und sogar eine Art Freibrief, die byzantinischen Gebiete entlang der Ägäis zu plündern.

Die Reisen der Ulemas
Sechs große Ulemas werden heute noch verehrt: der Theologe Ghasali, Ibn al-Arabi, der den Sufismus verbreitete, at-Taftazani, der Timur nahe stand, al-Askalani, ein außergewöhnlicher Gelehrter des Hadith, und al-Jurjani, der auch in Samarkand war.

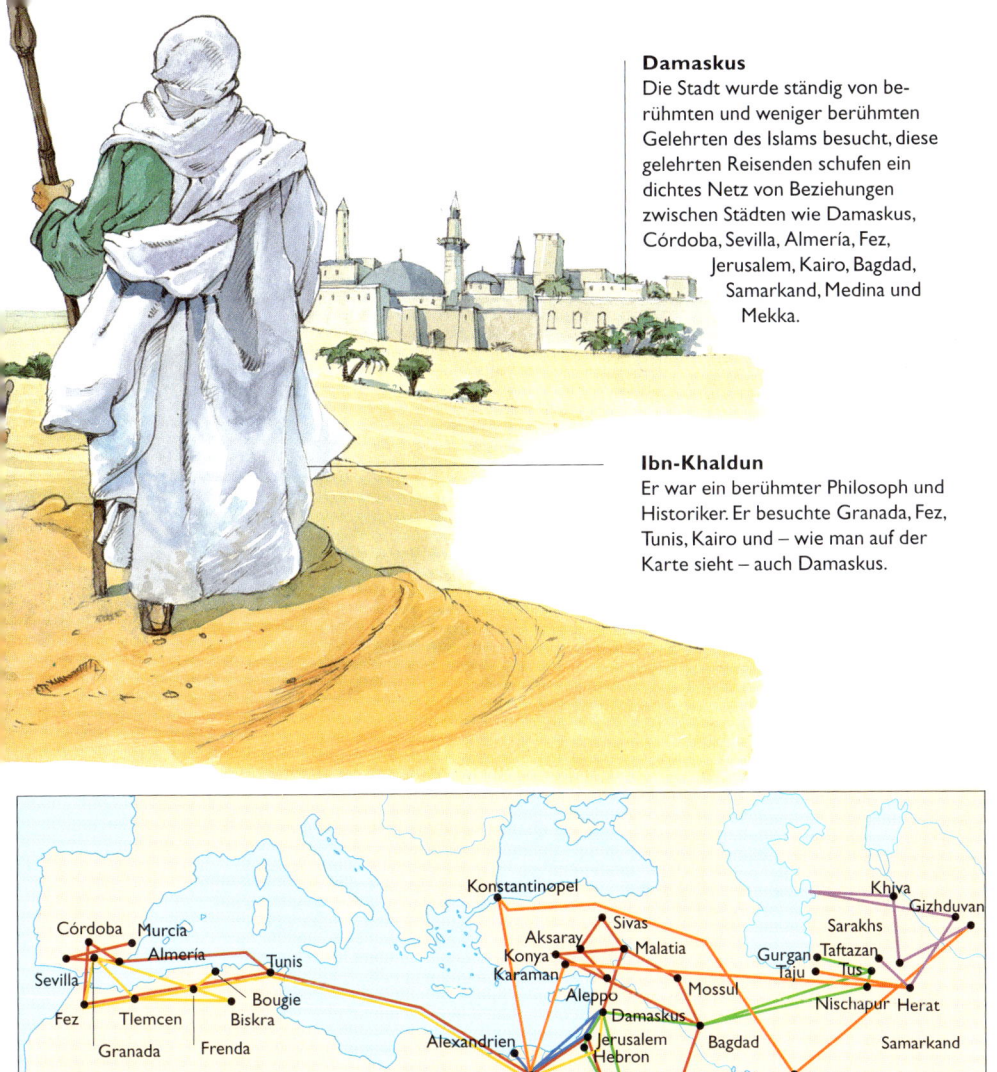

Damaskus
Die Stadt wurde ständig von berühmten und weniger berühmten Gelehrten des Islams besucht, diese gelehrten Reisenden schufen ein dichtes Netz von Beziehungen zwischen Städten wie Damaskus, Córdoba, Sevilla, Almería, Fez, Jerusalem, Kairo, Bagdad, Samarkand, Medina und Mekka.

Ibn-Khaldun
Er war ein berühmter Philosoph und Historiker. Er besuchte Granada, Fez, Tunis, Kairo und – wie man auf der Karte sieht – auch Damaskus.

Konstantinopel
Khiva
Gizhduvan
Córdoba
Murcía
Sivas
Sarakhs
Almería
Aksaray
Malatia
Gurgan
Taftazan
Sevilla
Tunis
Konya
Taju
Tus
Karaman
Aleppo
Mossul
Nischapur
Herat
Fez
Tlemcen
Bougie
Biskra
Damaskus
Granada
Frenda
Alexandrien
Jerusalem
Bagdad
Samarkand
Hebron
Kairo
Schiras
Medina
Mekka
Sana

Ghasali (1058-1111)

Ibn al-Arabi (1165-1240)

al-Taftazani (1322-1389)

Ibn Khaldun (1332-1406)

al-Jurjani (1339-1413)

al-Askalani (1372-1449)

Das Osmanische Reich

Nach der Eroberung Konstantinopels und des Balkans sahen sich die Osmanen in der Rolle der Erben des Byzantinischen Reiches. Im gesamten Vorderen Orient, in Nordafrika und an den heiligen Stätten Arabiens führten sie zahlreiche Kriege zur Verteidigung und Verbreitung des moslemischen Glaubens.

Der Aufstieg des Osmanischen Reiches
Den vereinten christlichen Armeen (Ungarn, Polen, Siebenbürgen, Serbien, Neapel, Venedig und Genua) gelang es nicht, die Türken aufzuhalten. Sultan Murad II. (1403 – 1451) nutzte 1434 den Tod des ungarischen Königs Sigismund aus und gelangte dadurch bis nach Serbien. Auch das zögerliche Verhalten der Venezianer begünstigte Murad, denn sie wollten nicht entschlossen gegen die Türken kämpfen,

um nicht ihre Handelsverbindungen, die Venedig Gewinn bringend mit dem Orient verbanden, zu verlieren. Dieses Verhalten der Venezianer trug zur herben Niederlage der Europäer bei Varna an der bulgarischen Schwarzmeerküste (10. November 1444) bei. Jetzt widersetzte sich nur noch Konstantinopel, das inzwischen wie eine einsame Insel in einem feindlichen Meer lag, dem türkischen Vormarsch. Es war zu spät, um ihr noch zu Hilfe zu eilen. Der

DIE BELAGERUNG KONSTANTINOPELS
Konstantinopel fiel am 29. Mai 1453, obwohl den Byzantinern genuesische und venezianische Kräfte zu Hilfe geeilt waren, die allerdings nichts gegen die übermächtigen Armeen Mohammeds II. ausrichten konnten. Mit dem Fall Konstantinopels fand das Oströmische Reich sein Ende.
Ganz rechts: die Belagerung Konstantinopels auf einer Miniatur des 15. Jahrhunderts (Paris, Bibliothèque Nationale).

Mohammed II.
Er war der siebte osmanische Sultan – ein geschickter Staatsmann und Förderer der Wissenschaften und Künste. Er erhielt den Titel des »Eroberers«, nachdem er Konstantinopel besetzt hatte. Rechts: Porträt Mohammeds II., um 1475 (Istanbul, Bibliothek des Topkapi-Serails).

Sohn Murads, Mohammed II. (1451–1481), beschloss, dass die Stadt fallen sollte, da sich nur auf diese Weise die osmanischen Regionen in Europa mit denen in Anatolien wirklich vereinen ließen.

Mit der Eroberung Konstantinopels wurde Mohammed II. eine von der ganzen islamischen Welt anerkannte Führungspersönlichkeit. Seine Macht schien zu diesem Zeitpunkt nahezu unbeschränkt. Und der Erfolg beflügelte ihn so sehr, dass er sogar mit dem Gedanken spielte, nicht nur alle Moslems anzuführen und Herrscher der Türken zu sein, sondern als Herr Konstantinopels nun auch Kaiser der Christen zu werden.

Mohammed II.: der große Herrscher

Dank der Eroberung Konstantinopels waren die Osmanen nun im Besitz einer der

Die Mauern Theodosius' II.
Sie waren im 5. Jahrhundert gebaut worden und verbanden sieben Türme, die zueinander in Rufweite standen. Bei Überraschungsangriffen konnte schnell reagiert werden.

Die Moslems
Die Schiffe Mohammeds II. wurden auf Holzpfählen über Land vom Bosporus zum Goldenen Horn gerollt, denn auf See hatten die Christen einen undurchdringlichen Verteidigungsgürtel postiert. Die Moslems belagerten und bombardierten die Stadt. Im Morgengrauen des 29. Mai 1453 gelang es den Elitetruppen, den Janitscharen, durch das Romanos-Tor in die Stadt einzudringen.

Die Kanone
Die Mauern der Stadt wurden von der Artillerie des Urban beschossen. Dieser ungarische Geschützgießer stand im Dienst Mohammeds II.

bedeutendsten Städte der Welt. Sie wurde zum Zentrum einer gut organisierten islamischen Gesellschaft, die wie eine neue Pflanze auf den Resten des alten byzantinischen Staates und seiner kränkelnden Kirche wuchs. Bekannte Prediger, Professoren aller Fachrichtungen und arabische Gelehrte wurden nach Konstantinopel gerufen, das von den Türken in Istanbul umgetauft wurde. Große Paläste, Moscheen, öffentliche Ge-

bäude, Krankenhäuser und Karawansereien entstanden. Der Anschluss von Damaskus und Kairo sowie der heiligen Städte Mekka und Medina an das Osmanische Reich trug dazu bei, dass sich die Völker dieser Region sicher fühlten. Die Vereinigung war politischer und religiöser Art: Die Menschen vertrauten auf ein Reich, das keine Nerven zeigte, die Muskeln spielen ließ und dessen Herz islamisch war. Mohammed II. galt als Kämpfer für den

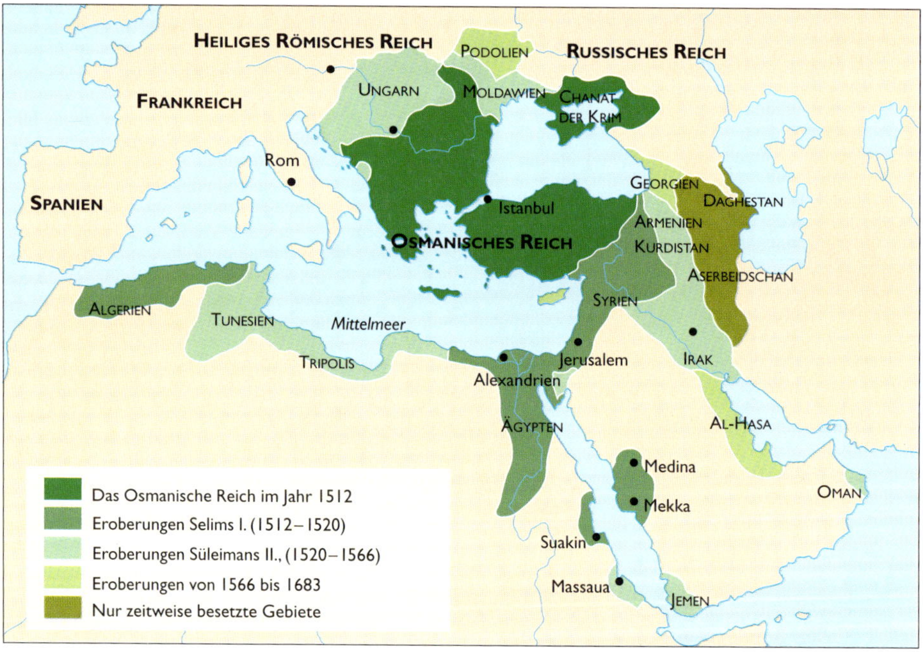

HEILIGES RÖMISCHES REICH	PODOLIEN · RUSSISCHES REICH
FRANKREICH	UNGARN · MOLDAWIEN · CHANAT DER KRIM
Rom	
SPANIEN	GEORGIEN · DAGHESTAN
	Istanbul · ARMENIEN
	OSMANISCHES REICH · KURDISTAN
	ASERBEIDSCHAN
ALGERIEN · TUNESIEN · Mittelmeer	SYRIEN
TRIPOLIS	Jerusalem · IRAK
Alexandrien	
ÄGYPTEN	AL-HASA
	Medina · OMAN
	Mekka
	Suakin
	Massaua · JEMEN

Das Osmanische Reich im Jahr 1512
Eroberungen Selims I. (1512–1520)
Eroberungen Süleimans II., (1520–1566)
Eroberungen von 1566 bis 1683
Nur zeitweise besetzte Gebiete

Die Expansion der Osmanen

1512 herrschten die Osmanen in Anatolien und auf dem Balkan. In den 50 darauf folgenden Jahren drangen sie in Syrien (1516) und in Ägypten (1517) ein. 1517 auch in Mekka. 1521 eroberten sie Belgrad, 1526 Ungarn, 1529 belagerten sie erstmals Wien. 1534 eroberten sie Bagdad, Mesopotamien und Tunesien.

DIE EROBERUNG OTRANTOS

Nachdem Mohammed II. Venedig einen Frieden aufgezwungen hatte, zielte seine Expansionslust auf die italienischen Küsten. Der Papst war darauf vorbereitet, nach Paris zu flüchten. Die osmanischen Truppen eroberten am 11. August 1480 fast ohne Gegenwehr Otranto. Erst der Tod Mohammeds im Jahre 1481 beendete diese türkische Bedrohung.

Glauben, Diener der heiligen Stätten des Islams und Verteidiger der Scharia, des »Gesetzbuches« des Islams, in dem alle Vorschriften zum Ausdruck kommen, die das Leben der Moslems bestimmen. In Europa fand der Sultan in Frankreich einen wertvollen Verbündeten, was allerdings nicht heißt, dass zwischen Europa und den Osmanen ein friedliches Nebeneinander möglich gewesen wäre. Es gab zahlreiche Kriegsschauplätze und blutige Fronten.

Die Habsburger kämpften als Kaiser des Heiligen Römischen Reiches und als spanische Könige gegen die Osmanen. Im Süden wurde um die Vorherrschaft über das Mittelmeer gerungen. In Mitteleuropa überschritten die Türken die Donau und besetzten Rumänien und Ungarn. 1529 belagerten sie Wien. Der Konflikt, der sich bis ins Herz des christlichen Europa verlagert hatte, beruhigte sich erst 1606 mit dem Frieden von Zsitvatorok. Zu diesem Zeitpunkt

Aus osmanischer Sicht
Der türkische Historiker Ibn Kemal schreibt: »Die Soldaten des Islams (...) stürmten die Festung. Im Inneren fegten sie alles weg und machten Tausende von Gefangenen: Frauen, Kinder, Alte, Junge. Mit ihren Schwertern töteten sie all jene, die sich wie Löwen verteidigten.«

Aus christlicher Sicht
Ein Chronist schreibt: »Die Stadt wurde geplündert, die versklavten Frauen schleppten sie zum erzbischöflichen Palast (...) unter großen Wehklagen und mit furchtbar geschundenen Haaren und Gesichtern (...), da sie diesen grausamen Hunden ausgeliefert waren.« Rechts: die Eroberung Otrantos auf einem Gemälde des 17. Jahrhunderts (Lucca, Privatsammlung).

DAS TOPKAPI-SERAIL

Der Hof des Sultans war im Palast von Istanbul, im Topkapi-Serail, untergebracht. Er gliederte sich in zwei Bereiche: einerseits die Residenz des Sultans und außerhalb die Räume von Staat und Verwaltung.

Der Harem

Im Herzen des Palastes befanden sich die privaten Räume des Sultans, die Schatzkammern, der Harem, die Küchen, Schulen zur Ausbildung der Pagen und Wohnräume der Sklaven, die im Palast eingesetzt wurden.

Die Stallungen

Sie befanden sich in den entlegensten Gebäuden des Palastes. Hier wohnten auch die Handwerker, das Küchenpersonal, die Gärtner und vor allem diejenigen, die militärische Aufgaben innehatten.

zeigten sich aber bereits erste Risse in der Organisation der osmanischen Armee.

Die Verwaltung

Das Byzantinische Reich war untergegangen, aber es hinterließ deutliche Spuren in der staatlichen Organisation der siegreichen Osmanen.

Das Osmanische Reich wurde in große Provinzen aufgeteilt, die man ihrerseits wieder in kleinere Verwaltungsbezirke gliederte. Besondere Bedeutung wurde dem Eintreiben der Steuern beigemessen. Genaue Untersuchungen über den Reichtum der verschiedenen Bevölkerungsgruppen dienten dazu, Gerechtigkeit walten zu lassen.

Die straffe Organisation des Osmanischen Reiches konnte jedoch nicht alle inneren Spannungen verhindern. Zwei Gruppen machten sich Machtpositionen streitig: einerseits die adligen Türken, andererseits die *devsirme*, das heißt die Christen, die sich zum Islam bekehrt hatten und als Beamte am Hof des Herrschers (oder als Janitscharen) Erfolg hatten. Trotz dieser Probleme wurde der Sultan von allen als absoluter Herrscher anerkannt. Mohammed II. gelang es, den Fehler, den fast alle Machthaber im Vorderen Orient begangen hatten, nicht zu wiederholen. Er verfügte, dass es nach seinem Tod keine Kämpfe um die Thronfolge geben dürfe, und bestimmte frühzeitig seinen Sohn zum einzigen Erben der Macht. Zudem ließ er seinen jüngeren Bruder hinrichten und war damit der Begründer einer makabren Tradition, die von allen nachfolgenden Sultanen bis ins 17. Jahrhundert eingehalten wurde: Unmittelbar nach der Machtübernahme ließ der neue Sultan alle sein Brüder töten.

Der Garten

Das Topkapi-Serail, der Palast der osmanischen Sultane, ist nicht ein einzelner Baukörper, vielmehr handelt es sich um eine Reihe von Pavillons, die durch Höfe, Gärten und andere für das höfische Leben nützliche Bauten miteinander verbunden sind.

Die Küchen

In einer Reihe von Räumen, die sich am Ostrand des Palastgeländes erstreckt, befinden sich die Küchen. Die Kuppeln und die hohen zylinderförmigen Kamine erlauben es, das Palastgelände schon aus großer Entfernung zu erkennen.

DIE FAMILIE EINES HOHEN BEAMTEN

Das Verhalten der Mitglieder der islamischen Gesellschaft hing von Faktoren wie Tradition, Vorschriften des Korans, Gesetzen und vor allem gesellschaftlichem Rang ab. Jede Person benahm sich also gemäß ihren Verpflichtungen und ihrer sozialen Stellung.

Die persönliche Würde *(seref)*

Sie hing stark vom gesellschaftlichen Rang ab. Besonders wichtig war sie für bedeutende Amtsträger.

Der gesellschaftliche Rang

In der Führungsschicht gab es drei Stufen, die von der *muqata'a* (Trennung) abhingen, also davon, wie der Sultan Macht und Reichtum unter seinen Vertretern verteilte.

Beleidigung und Rache

Wurde die Ehre eine Mannes durch einen Mächtigeren verletzt, begnügte man sich mit einem symbolischen Protest. Wenn aber die Beleidigung von einem Schwächeren stammte, hatte man das Recht zur umfassenden Rache.

Der Schützling
In der Gesellschaft gab es das Verhältnis zwischen einem einflussreichen und einem weniger einflussreichen Mann: Indem der Schwächere sich in den Dienst des Mächtigeren stellte, erhöhte er das Ansehen des Mächtigen. Dafür half Letzterer seinem Schützling, eine höhere Stufe zu erklimmen.

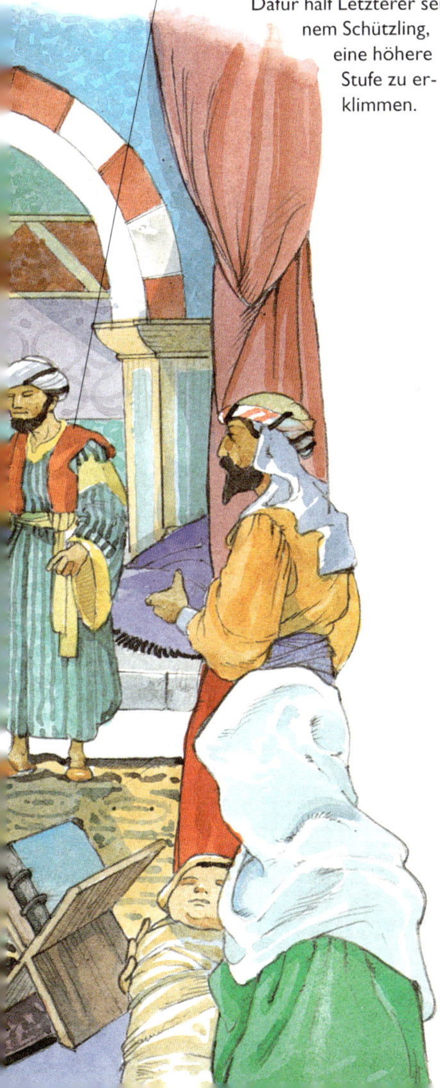

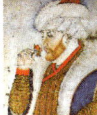

Die herrschende Elite

Wie erwähnt, rangen zwei Gruppen um die Vormacht an der Spitze von Staat und Gesellschaft: einerseits die türkischen Adligen, andererseits die so genannte Partei der Sklaven, zu der Getreue des Sultans, hohe Beamte und zudem Janitscharen zählten. Die Sultane nach Mohammed II. stützten sich je nach Lage der Dinge mal stärker auf die eine, mal stärker auf die andere Gruppe. Bayezid II. (1446 – 1512) bevorzugte zum Beispiel zunächst die *devsirme*. Doch nach einigen Jahren beunruhigte ihn die Machtfülle seiner Günstlinge und er ließ kurzerhand die Einflussreichsten hinrichten. Nachdem er das Gleichgewicht der ihn unterstützenden Kräfte wiederhergestellt hatte, versuchte er vor allem die Adligen und Fürsten der am Rande des Reiches gelegenen Regionen an sich zu binden und gab ihnen auch Gebiete zurück, die sein Vater ihnen entrissen hatte. Auch hinsichtlich der Religion waren die Maßnahmen der Osmanen erfolgreich. Seit dem 16. Jahrhundert ernannte der Sultan die Oberhäupter der Bruderschaften der Sufis, die immer einen Unruheherd dargestellt hatten. Diese Maßnahme gewährleistete zwar zunächst Ruhe und Ordnung im Reich, führte jedoch auch zu einer problematischen religiösen und kulturellen Vereinheitlichung.

Eine würdige große Hauptstadt für das Reich

Bevor Konstantinopel von den Osmanen besetzt wurde, zählte die Stadt etwa 60 000 Einwohner. Als der Feind sich näherte, ergriffen jedoch viele die Flucht. Nach der Eroberung unternahm Mohammed alles, um die Stadt zum würdigen Zentrum seines

ISTANBUL

Während des Osmanischen Reiches entstanden in Istanbul 95 Moscheen, 49 Madrasas und 40 Hammams (Bäder) sowie Dutzende von Palästen. Rechts: ein Stadtplan von Istanbul zu Beginn des 17. Jahrhunderts (Norden befindet sich unten; Berlin, Staatsbibliothek, Stiftung Preußischer Kulturbesitz).

Hagia Sofia
Zwischen 532 und 537 während der Herrschaft Justinians erbaut, war sie die schönste Basilika des byzantinischen Konstantinopel.

Das Topkapi-Serail

Das Judenviertel
Es war in zwei abgeschlossene Bezirke geteilt: eines für die Venezianer und eines für die Genuesen. Die Juden hatten sich dort im 11. Jahrhundert niedergelassen, 1660, als die Arbeiten für die Moschee Yeni Cami begannen, mussten sie das Viertel verlassen.

Reiches zu machen. Als erstes holte er die Eliten anderer Städte nach Konstantinopel. Händlern und Handwerkern wurde versprochen, dass sie hier nur gering besteuert würden. Auf diese Weise erlebte die Stadt rasch einen Bevölkerungszuzug: Es kamen Griechen von der Morea und aus Anatolien, Slawen vom Balkan und Juden, die es bei weitem vorzogen, es mit türkischen Herrschern zu tun zu haben als mit christlichen Inquisitoren und anderen Verfolgern in Spanien oder Italien. In der neuen Hauptstadt residierten bald das Oberhaupt der griechisch-orthodoxen und das der armenischen Kirche sowie bedeutende Rabbiner.

Der große Basar

Mohammed II. ließ ihn unmittelbar nach der Eroberung der Stadt erbauen. Es handelte sich um einen überdachten Markt, dessen steinerne Arkaden das kuppelförmige Dach stützten.

Das Goldene Horn

Sein türkischer Name Haliç bedeutet »Kanal«. Es handelt sich um eine etwa sieben Kilometer lange und bis zu 800 Meter breite Bucht. Den Namen »Goldenes Horn« erhielt sie, als an ihren Ufern die Sultane und die wohlhabenden osmanischen Familien ihre Paläste und prachtvollen Gärten errichten ließen.

Galata und Beyoglu

Die beiden ältesten Viertel am nördlichen Ufer des Goldenen Horns. Galata war eine kleine befestigte Stadt aus griechisch-byzantinischer Zeit.

Bei der Wiederherstellung der Straßen, Brücken und Wassergräben half auch das Heer mit. Besondere Beachtung fand die Versorgung der neuen Hauptstadt mit Lebensmitteln. Das rasche Wachstum Konstantinopels erforderte unter anderem riesige Mengen an frischen Früchten und so wurde eine gewaltige überdachte Markt-halle gebaut. Der Handel mit Getreide, Reis, Salz und Fleisch wurde von Beamten kontrolliert, die die Preise für all diese Waren festsetzten. Die Angehörigen der verschiedenen Berufsgruppen organisierten sich in Zünften, die Handel und Gewerbe regulierten, den Lebenswandel überwachten und für in Not geratene Mitglieder

sorgten. Darüber hinaus veranstalteten die Zünfte gemeinsame Wallfahrten.

Eine gut organisierte Hauptstadt

Eine Zählung, die 1480 durchgeführt wurde, zeigt, wie schnell Istanbul gewachsen war und wie viele verschiedene Volksgruppen friedlich miteinander lebten: In 9 000 Wohnungen lebten Moslems, in 3 000 Christen, in fast 2 000 Juden und etwa 1 000 wurden von Minderheiten wie Armeniern und Zigeunern bewohnt. Um die Stadt herum entstanden zudem zahlreiche Dörfer, in denen vor allem Sklaven und Einwanderer vom Balkan lebten. Das rasche Wachstum der Stadt hätte leicht zu gefährlichen religiösen und sozialen Spannungen führen können. Doch dies wurde durch eine straffe Organisation des städtischen Alltags vermieden. Bis zum 17. Jahrhundert war die Tätigkeit der Handwerker einer genauen Regelung und Kontrolle unterworfen und der Staat achtete darauf, jede Parteilichkeit zu vermeiden. Es wurde nicht nur der Verkaufspreis der Ware festgesetzt, sondern die Gewichte und Maße unterlagen auch der Aufsicht städtischer Beamter. Diese Verzahnung von Arbeit, Staat und Religion wurde auch durch die Zünfte gewährleistet, die zusätzlich religiöse Funktionen erfüllten; eine weitere wichtige Aufgabe der Zünfte bestand darin, das Heer im Kriegsfall komplett auszustatten und großzügig zu versorgen. Auf diese große organisatorische Aufgabe war man stets vorbereitet.

Die Militärmaschinerie

Ohne den äußerst effizienten militärischen Apparat wären die Eroberungskriege nicht möglich gewesen. An der Spitze des Heeres

DAS TÜRKISCHE BAD

Die Araber und vor allem die Türken haben die römische Tradition der öffentlichen Bäder beibehalten. In den Städten waren die Hammams Zeichen für Großzügigkeit und Pracht, auch zeigten sie, dass eine gute Regierung Sorge für das Wohlergehen der Bevölkerung trug. 1640 gab es in Istanbul etwa 300 öffentliche Hammams.

Der Diener
Die Aufgabe einiger Diener ist es, ihre Herren einzuseifen und zu massieren.

Körperpflege
Der Bereich für die
Reinigung des Kör-
pers ist dank des
Dampfes und zahl-
reicher Kaminrohre,
die versteckt in den
Wänden verlaufen,
gut geheizt.

Die Architektur
Das türkische Bad besteht aus verschiedenen Bereichen wie Umkleide-, Ruhe- und Badebereich (warm
und kalt). Ein kuppelförmiges Dach überwölbt das
Bad. Über den Wasserbecken ist die Decke meistens
niedriger und von oben dringt Licht herein.

Die Becken
Im Mittelpunkt des
Hauptraumes befinden
sich die Becken und
in den Wänden
Nischen mit Brunnen,
die heißes Wasser
spenden.

DAS MILITÄR

Der zuverlässigste Teil des Heeres bestand aus Regimentern, die direkt aus der Kasse des Sultans bezahlt wurden. Zur Zeit Süleimans des Prächtigen (1520–1566) gab es sechs Regimenter.

Die Schiffe

Über Jahrhunderte beherrschten die Türken das Mittelmeer. Nach der Eroberung von Rhodos (1522) und Algier (1529) führten sie auf dem Mittelmeer einen erfolgreichen Krieg gegen die christlichen Schiffe und Küsten.

Die *sipahi*

Sie waren Ritter, die sich als Grundbesitzer für den Krieg ausrüsten mussten.

befanden sich bis zur Herrschaft Murads I. (1360 – 1389) Türken. Doch danach wurden Verbände aus Sklaven geschaffen, die als Fußsoldaten oder in der Kavallerie dienten. Zuvor hatten nur Freiwillige oder Gefangene im Heer gedient, aber schon bald wurde die christliche Bevölkerung des Balkans gezwungen, eine bestimmte Anzahl Männer für das Heer zur Verfügung zu stellen. Mit diesen Janitscharen konnten die Osmanen ihre Truppenstärke genau planen. Die besten der Janitscharen, die ein Schwachpunkt des osmanischen Militärapparates hätten sein können, wurden sorgfältig ausgebildet, mit den modernsten Kriegstechniken vertraut gemacht und im Umgang mit Feuerwaffen geschult.

Die Leibgarde
Sie bestand aus Janitscharen, die stets den Sultan umringten.

Der Sultan
Die ersten Sultane, unter ihnen Süleiman, pflegten ihre Truppen während der Eroberungskriege selbst anzuführen. Die Tatsache, dass die Soldaten Seite an Seite mit ihrem Herrscher kämpften, verlieh ihnen eine Furcht erregende Kühnheit.

Die Janitscharen
Sie mussten schon sehr früh ihre Familien verlassen, um im Dienst des Sultans das Soldatenhandwerk von der Pieke auf zu erlernen. Die Janitscharen bildeten eine Eliteeinheit, die in der Schlacht für die Unversehrtheit des Sultans verantwortlich war. Unter Süleiman kämpften etwa 14 000 mit Gewehren bewaffnete Janitscharen.

In dieser Zeit ersann man auch neue militärische Techniken, um Artillerie und traditionelle Waffengattungen optimal aufeinander abzustimmen. Neben der Schulung der Janitscharen legten die Osmanen auch sehr viel Wert auf die Ausbildung der Kavallerie, deren Mitglieder aus der türkischen Bevölkerung rekrutiert wurden. Ein besonderes Augenmerk richtete man, wie bereits angedeutet, auf die Verwaltung und die Finanzierung durch Abgaben, die natürlich fundamental für die Aufrechterhaltung des Militärapparates waren.

Der Herrscher und seine Untertanen
Der Erfolg der Osmanen hing auch mit ihrer klugen Gesetzgebung zusammen. Mohammed II. und Süleiman der Prächtige

waren – sowohl auf verwaltungs- als auch auf strafrechtlichem Gebiet – bedeutende Gesetzgeber. Der Sultan hatte die absolute Macht und wurde lediglich von der Scharia in seinen Freiheiten beschränkt. Die Scharia erlaubte der politischen Führung den Erlass von Edikten, deren Gesamtheit zusätzlich zu den Vorschriften des Korans galt. Obwohl die Kluft zwischen der vor al-

lem türkischen Regierungsspitze und den Untergebenen riesig war, gab es im Osmanischen Reich immer Raum für die Wahrung der Interessen der Minderheiten. Die Griechen in Istanbul stellten zum Beispiel zahlreiche Gouverneure und hohe Verwaltungsbeamte, zudem natürlich viele Geschäftsleute, und auch die Juden konnten sich entfalten und durften Handel treiben und Finanzgeschäfte tätigen.

DER HAREM
Der Zutritt ist Fremden verwehrt (auf Arabisch bedeutet das Wort »verbotene Sache«). Die besondere soziale und familiäre Struktur des Harems stammt aus der griechisch-byzantinischen und persischen Tradition. Für die Moslems bezeichnet das Wort »Harem« sowohl den Ort als auch die Frauen und Kinder, die ihn bewohnen.

Das Goldene Horn
Im Hintergrund erkennt man einige Bauwerke am Goldenen Horn gegenüber dem Bosporus.

Die Hierarchie
Die ganze Gemeinschaft der Frauen, Kinder und Eunuchen, die im Harem wohnte, war hierarchisch streng gegliedert. Alle hatten ihre besonderen Aufgaben, Rechte und Pflichten. Im Harem des Topkapi-Serails befanden sich die Räume der Eunuchen um einen Innenhof. Die Älteren schliefen im Erdgeschoss, die Jüngeren darüber.

Mohammed II.: Förderer von Kunst und Wissenschaft

Es gab im Osmanischen Reich keine unabhängige Kultur oder Gruppen Gelehrter, die außerhalb der Strukturen des Staates aktiv waren. Der Sultan und seine engsten Beamten waren die einzigen Auftraggeber und kontrollierten alle kulturellen Tätigkeiten. Trotz dieser starken Einschränkung blühte im Osmanischen Reich die Kultur.

Unter allen Gelehrten genossen die religiösen das höchste Ansehen. Ihnen oblag die Aufgabe, den islamischen Glauben zu organisieren, zu verbreiten und in den Moscheen und Schulen zu predigen. Mit Mohammed II. entwickelte sich der Hof des Sultans zu einem Ort des regen Gedankenaustausches für die verschiedensten Künstler und Gelehrten wie italienische Maler, griechische Dichter und persische Autoren.

Der Eunuch
Im Harem des Sultans lebten seine Gattinnen, seine Konkubinen und seine Sklavinnen gemeinsam mit anderen Frauen, die mit ihm verwandt waren. In diesen Räumen lebten sie geschützt vor fremden, neugierigen Blicken. Sie wurden von den Eunuchen streng bewacht. Diese kastrierten Männer schlugen mit Stöcken auf die Füße der Frauen, die nicht gehorchten oder gar versuchten zu fliehen.

DIE OSMANISCHE ARCHITEKTUR

Die ersten osmanischen Moscheen orientieren sich an der Architektur der Seldschuken (nur eine Kuppel und ein großer Saal mit oder ohne Säulenvorbau). Die Bauwerke, die in der Blütezeit des Osmanischen Reiches unter der Leitung des Architekten Sinan (1491–1588) entstanden, stellten alles Bisherige in den Schatten. Von Sinan, der 1538 Hofarchitekt wurde, stammte der ursprüngliche Entwurf des Topkapi und er baute das Grabmal Süleimans des Prächtigen.

Besonders stark machte sich der Einfluss der persischen Dichtkunst bemerkbar. Zu den berühmtesten Dichtern gehörten Baki (1526–1600), Nef'i (1582–1636) und Yahya Efendi (1552–1644). In der von Mohammed II. gegründeten Hofakademie arbeiteten vor allem Maler, Bildhauer und Schrei-

Hagia Sophia

Die Basilika wurde im 6. Jahrhundert unter Justinian erbaut. Nachdem Konstantinopel von den Osmanen erobert worden war, baute der Architekt Sinan die Hagia Sophia in eine Moschee um und sie erhielt ihre Minarette. Unten links: die Hagia Sophia auf einem Druck aus dem 18. Jahrhundert.

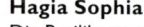

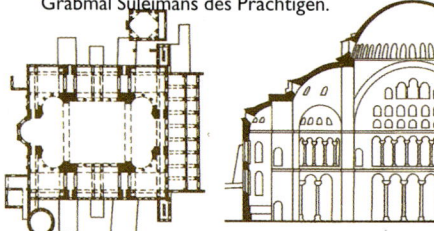

Sehzade Camii

Sinan betrachtete diese Moschee als sein Gesellenstück. Sie wurde von 1544 bis 1548 in Istanbul erbaut und zeigt mit ihren herrlichen Kuppeln die Formenvielfalt der moslemischen Moschee. Unten rechts: Sehzade Camii auf einem Foto.

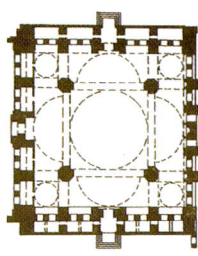

ber. Manuskripte und neue dekorative Formen für Keramiken oder Teppiche entstanden neben kostbaren Miniaturen, die Kopien großer, vor allem persischer Werke waren. Seit dem 16. Jahrhundert waren Historiker und Dichter angehalten, die Osmanen und ihr Reich großzügig zu lobpreisen: Glorreiche Siege, aufwendige Feiern am Hof des Sultans, Militärübungen und allerhand erbauliche Geschichten über die Großherzigkeit und den Mut der Sultane beherrschen diese Literatur.

Erste Anzeichen der Krise
Die Osmanen hatten auch die Kontrolle über das Meer erlangt. Es war eines der

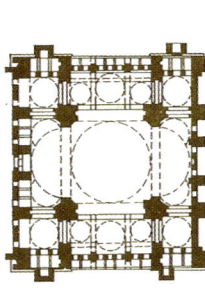

Süleymaniye Camii
Diese Moschee ist ein Meisterwerk, in das Sinans ganze Erfahrung einfloss. Sie wurde von 1550 bis 1557 in Istanbul erbaut. Unten links: Süleymaniye Camii auf einem Foto.

Selemiye Camii
Diese Moschee wurde von 1569 bis 1575 in Edirne gebaut. Sinan hat sie geplant und verwirklicht, sie repräsentiert die Anmut, Harmonie und Perfektion der Formen, die unter den Osmanen erreicht wurden. Unten rechts: Selemiye Camii auf einem Foto.

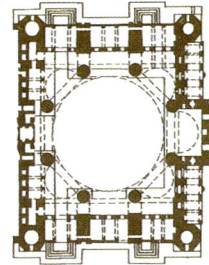

DIE JUSTIZ

Das osmanische Rechtswesen war hierarchisch streng gegliedert. Das höchste Amt für den Balkan hatte ein Richter inne und ein ebenso hochrangiger Kollege, der den Vorteil hatte, direkt mit dem Sultan Rücksprache halten zu können, lenkte die Justiz in Anatolien.

Der Urteilsspruch
Falls der Fall nicht zu kompliziert war, wurde sofort Recht gesprochen.

Gegen den Angeklagten
Die Anklage musste vor dem Richter und in Gegenwart eines Verteidigers des Angeklagten erhoben werden. Wenn der Verteidiger die Anklage zurückwies, wurden Zeugen befragt.

Der Koran, die Bibel, das Kreuz
Um die Unparteilichkeit der Rechtsprechung zu wahren, verlangte der Richter, dass der Angeklagte vor der Vernehmung den Eid auf die heilige Schrift leistete, zu deren Religion er sich bekannte.

wichtigsten Ziele der west- und südeuropäischen Staaten, ihnen diese Vorherrschaft streitig zu machen. Aber auch 1529 und 1534 blieben die Türken in den großen Schlachten von Algier und Tunis unbesiegt. Zudem dehnten sie ihre Reichsgrenzen weiter aus, indem sie Tripolis (1551), Malta (1565) und Zypern (1570) eroberten. Erst in der großen Schlacht von Lepanto (1571) konnten die Europäer der osmanischen Flotte eine empfindliche Niederlage zufügen, die in Europa als Jahrhundertereignis gefeiert wurde. In Wirklichkeit blieb die Schlacht Episode, da sie die Macht der Osmanen nicht ins Wanken brachte. 1580 wurde endlich eine Waffenruhe geschlossen, die eine Grenze zwischen Christentum und Is-

Die Zeugen

Sie wurden einberufen, um zum vereinbarten Termin vor dem Richter zu erscheinen. Falls sie nicht kamen, wurde die Verhandlung vom Richter in der Regel für drei Tage unterbrochen, bis die Zeugen ihre Aussage machen konnten.

Der Richter

Das Amt des Richters, des Kadis, hatten in den großen Städten Juristen inne, die direkt vom Sultan bestimmt wurden. In allen wichtigen Streitfällen sprachen sie gemäß der Scharia Recht. Die Kadis von Istanbul, Bursa, Edirne, Aleppo, Damaskus, Bagdad, Izmir, Medina und Konya waren die bedeutendsten.

lam zog, die bis in die Gegenwart nahezu unverändert geblieben ist. Die wirklichen Probleme, die das Osmanische Reich in der Folgezeit erschütterten, waren hausgemacht. Der Sultan verlor nämlich immer mehr an Autorität. Er war nicht mehr in der Lage, zwischen dem Adel und den Beamten, den *devsirme*, ausgleichend zu wirken. Letztere, welche die zentralen Schalthebel der Macht kontrollierten, zeigten sich zunehmend korrupt und begünstigten Freunde und Verwandte, Intrigen und Amtsmissbrauch machten sich breit. Mit Murad III. (1574 – 1595) wurde der Staat zunehmend handlungsunfähig. Die Verwaltung funktionierte nicht mehr und die verschiedenen sozialen Gruppen in den entlegenen Regionen des riesigen Reiches

»Im Zeichen der Madonna«
Der Sieg der Christen wurde als göttliches Zeichen verstanden und mit dem Eingreifen der heiligen Jungfrau erklärt, die erschienen war, um ihre Getreuen zu beschützen. Links: *Die Schlacht von Lepanto*, venezianische Schule (Venedig, Museo Civico Correr).

Das christliche Bündnis
Es bestand aus Venedig, Spanien und der Armee des Papstes. Die Flotte der Allianz stand unter dem Kommando des Bruders Philipps II., Juan de Austria.

Die türkische Flotte
Mohammed II. baute – wobei er sich von der italienischen und griechischen Seefahrt inspirieren ließ – eine neue Flotte auf, um damit das Mittelmeer zu beherrschen.

DIE SCHLACHT VON LEPANTO

Nach der Eroberung Konstantinopels und der Festigung der osmanischen Macht gelang es schließlich dem Papst, den Habsburgern und Venedig, eine Koalition zu bilden. Gemeinsam schlugen sie die Türken in der Ägäis bei Lepanto am 7. Oktober 1571.

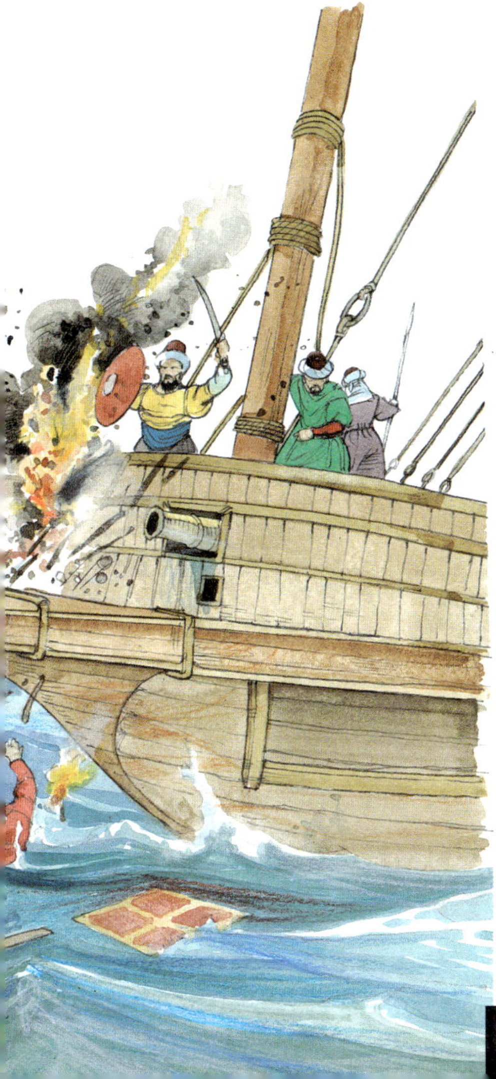

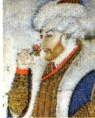

fühlten sich Istanbul nicht mehr verpflichtet. Geschwächt wurde die Stellung des Osmanischen Reiches auch durch die zunehmende Verdrängung seiner Schiffe auf dem Mittelmeer, das seit dem 17. Jahrhundert von Engländern und Franzosen beherrscht wurde. Zudem erreichten die kostbaren Güter aus dem Fernen Osten Europa inzwischen über den Atlantik.

Das Bildungssystem

Jeder Bereich des Staates (Heer, Verwaltung, Finanzen) hatte dafür zu sorgen, seinen Nachwuchs und seine Mitglieder auszubilden und zu schulen, was zur Bildung der Unterschiede zwischen den verschiedenen gesellschaftlichen Gruppen beitrug. Die *devsirme* etwa erhielten ihre Ausbildung in einer Schule im Palast des Sultans oder in anderen Schulen, die zu diesem Zweck in verschiedenen Regionen des Reiches unterhalten wurden. Die übrige Bevölkerung unterrichten die Bruderschaften der Sufis, bei denen die Religion einen Schwerpunkt bildete. Die Osmanen suchten die Erziehung durch das System der Madrasa zu organisieren. Von diesen Internaten waren etwa die Madrasas in Edirne, Bursa und Istanbul für ihren hohen Standard bekannt. Der Unterricht war dreistufig: In einer Grundstufe wurden Grammatik, Rhetorik, Logik, Theologie, Astronomie und Geometrie gelehrt. In einer Mittelstufe waren die Hauptfächer Literatur und Rhetorik und in der Oberstufe wurden vor allem Recht und Theologie gelehrt. Seit dem 16. Jahrhundert verloren allerdings die Mathematik, die Logik und die Astronomie immer mehr an Bedeutung. Viele Sternwarten wurden aufgegeben oder sogar zerstört.

Der Triumph der Ulemas

Seit dem 16. Jahrhundert fielen die Sufis immer mehr in Ungnade. Ihre relativ einfache Religiosität und ihre Vorliebe für die persönliche mystische Erfahrung standen im Gegensatz zu den strengen und für alle gültigen Ritualen des Islams. Viele gelehrte Ulemas widersetzten sich den Gesängen und Tänzen der Sufis. Sie lehnten Begräbniszeremonien ab und verurteilten auch entschieden den Konsum von Tabak und Kaffee. Eine Welle streng religiöser Gesinnung rollte über die islamische Welt. Ihren Ausgang nahm diese Welle vor allem von den Schülern der Madrasas, aber auch viele städtische An-

DIE DERWISCHE

Der Begriff stammt ursprünglich aus dem Persischen und bedeutete Bettler. Später bezeichnete er die Mitglieder religiöser Orden, deren Spiritualität sich deutlich von der Religionsausübung in den Moscheen unterschied und sich in besonderen liturgischen Formen ausdrückte. Die Religiosität der Derwische war stark von ihren Gründervätern bestimmt, deren Gräber von den Gläubigen auf Wallfahrten besucht wurden.

DIE HEILIGENVEREHRUNG

In den Klöstern beteten die Gläubigen oft zu den als Heiligen verehrten Gründervätern und erhofften sich davon Vorteile. Dies geschah vor allem während der Feiern zum Gedenken an den Tod der Heiligen, denen nicht selten auch Wunder zugesprochen wurden. Aber dies entsprach nicht der Lehre des Korans, die einen direkten Dialog – ohne Vermittler – zwischen den Gläubigen und Allah vorsah.

Der Tanz

Obwohl der Tanz von den Moslems missbilligt wurde, praktizierten die Derwische ihn in verschiedenen Klöstern. Zu den bekanntesten Derwischen zählten die des Ordens Mewlewije, der von Dschalaladdin Rumi (1207–1273) gegründet worden war.

hänger eines weniger schwärmerischen, strengen Glaubens trugen die Bewegung. Viele Sufis wurden in dieser Zeit gezwungen, bestimmte Regionen des Osmanischen Reiches zu verlassen, andere wurden eingekerkert.

In kultureller Hinsicht führte dieses neue Klima zu einer Verarmung der theologischen Diskussionen. Die Sufis gerieten ins Abseits und die Gewinner, die Ulemas, wurden zunehmend zu Beamten des Staates ohne geistige Unabhängigkeit, die ständig in die Machtkämpfe zwischen türkischem Adel, *devsirme*, Janitscharen und Vertretern der lokalen Eliten verwickelt waren.

Auf dem Weg in die Gegenwart

Im 19. und 20. Jahrhundert fielen große Teile der islamischen Welt unter die Herrschaft der europäischen Kolonialmächte und das Osmanische Reich zerfiel. Erst nach 1945 war es vielen Ländern wieder möglich, die Unabhängigkeit zu erlangen, was oft mit großen Schwierigkeiten verbunden war und teuer bezahlt werden musste.

Die islamische Welt gerät in die Krise

Der Islam hatte sich in verschiedenen Phasen verbreitet. In der ersten, vom 7. bis zum 10. Jahrhundert, fasste der Islam im Gefolge der arabischen Eroberungskriege im Vorderen Orient Fuß und gelangte nach Nordafrika, Spanien und Sizilien. In der zweiten Phase vom 10. bis zum 15. Jahrhundert übernahmen die türkisch-asiatischen Völker die Initiative, die sich auf ihren Wanderungen zum Islam bekehrt hatten. So gelangte Mohammeds Religion nach Anatolien, auf den Balkan, nach Zentralasien, Afghanistan, China und Indien. Allerdings hatten arabische Händler es bereits ermöglicht, dass einige islamische Gesellschaften um den Indischen Ozean herum entstanden waren. Von Arabien aus sprang der Funke nach Ostafrika und von Indien aus nach Malakka und Indonesien über. Im 16. Jahrhundert hatte der Islam weltweit seine größte Verbreitung erreicht. Zu diesem Zeit-

DIE KOLONIALISIERUNG ALGERIENS
Karl X. ordnete die französische Expedition nach Algerien 1830 an, allerdings musste er infolge der Julirevolution abdanken. Doch mit Louis-Philippe (1830–1848) nahmen die Franzosen den Eroberungskrieg wieder auf und besetzten 1840 Algier.

Die Emigration
Über 300 000 Algerier waren gezwungen, nach Frankreich zu emigrieren.

Die algerischen Bauern
Bis zum Befreiungskampf (1954–1962) arbeiteten die algerischen Moslems – etwa sechs Millionen – auf kleinen Höfen und konnten davon kaum ihre Familien ernähren.

punkt begann sein langsamer Niedergang, der mit dem Aufstieg Europas einherging, das sich militärisch, wirtschaftlich und technologisch schnell entwickelte.

Die Dynastie der Safawiden, die ihr Zentrum in Persien hatte und eine Rivalin des Osmanischen und des Reiches der Moguln gewesen war, stürzte 1732. Sie hinterließ ein von inneren Machtkämpfen geschwächtes Persien, das nun die Expansionsgelüste der Russen und Engländer auf sich zog. Das Reich der Moguln erreichte zwar zu Beginn des 18. Jahrhunderts seine größte Ausdehnung, es hatte aber wegen innerer, vor al-

lem religiöser Spannungen an Schwung und Widerstandskraft verloren und es war nicht in der Lage gewesen, das Eindringen europäischer Handelsgesellschaften und Kaufleute – Portugiesen, Franzosen, Niederländer und Engländer – aufzuhalten. Im Verlauf des 17. und 18. Jahrhunderts gelang es dann England, alle anderen europäischen Konkurrenten zu verdrängen und zur Zeit des Moguls Shah Alam (1759 – 1806) wurde die englische Ostindienkompanie zur eigentlichen Herrin Indiens. Dem offiziellen Herrscher blieb nur der Titel und 1858 zwang die englische Krone den letzten Mo-

Der General Thomas Robert Bugeaud
Er beendete siegreich die Eroberung Algeriens, indem er 1846 den Widerstand des Emirs Abd el-Kader brach.

Die Siedler
1848 lebten etwa 100 000 französische Kolonisten in Algerien, die sich die fruchtbaren Ländereien gesichert und die Moslems verdrängt hatten.

RÜCKSTÄNDIGKEIT UND WIRTSCHAFTLICHE ANPASSUNG

Im Nahen Osten machte man sich im 19. Jahrhundert Gedanken über die Notwendigkeit, die Wirtschaft und die Industrie der arabischen Länder zu modernisieren, um die Abhängigkeit vom Westen zu verringern. Einer der bedeutendsten Vordenker war der Perser Gamal ad-Din al-Afghani (1839–1897).

Der Aufbruch

Der Ägypter Mohammed Abduh (1849–1905) war ein Schüler von Gamaladdin al-Afgani. Aus seinem Kreis gingen später große Politiker hervor, die einen gemäßigten Nationalismus vertraten. Zu ihnen zählten Qasim Amin, der die Unterdrückung der Frauen in Frage stellte, oder Sa'd Zaglul, der Anführer der ägyptischen Revolution von 1919.

Auf dem Land

Für eine durchgreifende Modernisierung wäre eine Rückkehr zum wahren Islam, der Selbstständigkeit und Handlungsfreude fordert, nötig gewesen. Doch insbesondere auf dem Land verharrte man in jahrhundertealten Traditionen, was oft mit Stillstand gleichbedeutend war.

Die Fabrik

Die technologische Überlegenheit Europas führte allmählich dazu, dass sich arabische Intellektuelle deutlich für eine Übernahme westlicher Errungenschaften aussprachen.

gul zur Abdankung. Das Osmanische Reich war schon seit dem 16. Jahrhundert in eine politische Krise geraten, während die Habsburger ihre Macht in Europa festigten. Im 18. und 19. Jahrhundert konnten die Osmanen mit der industriellen Revolution in den europäischen Ländern nicht Schritt halten und gerieten in jeder Hinsicht ins Hintertreffen.

Das Zeitalter der Kolonialmächte

Viele Faktoren trugen zum Aufstieg der europäischen Staaten bei: Die Erfindung des Dampfschiffs und der Eisenbahn stärkten die militärische Macht und erhöhten in ungeahntem Maße den weltweiten, von Europa ausgehenden Handel. Dank unzähliger technischer Erfindungen wuchs die Güterproduktion im Europa des 19. Jahrhunderts sehr schnell. Insbesondere Großbritannien und Frankreich besaßen die materiellen Mittel, viele außereuropäische, vor allem moslemische Gebiete in sehr kurzer Zeit ihrer Kolonialherrschaft unterwerfen zu können. Die erste große Eroberung eines arabischsprachigen Landes betraf Algerien, das von den Franzosen von 1830 bis 1847 bezwungen wurde. 1881 besetzte Frankreich auch Tunesien und schuf Französisch-Westafrika. 1882 verleibte England Ägypten seinem Kolonialreich ein und kontrollierte damit den strategisch wichtigen Suezkanal.

Der Vormarsch der Europäer in Afrika war schnell und stieß auf wenig Widerstand. Nach der Besetzung der Länder wurden von den Kolonialherren zwei verschiedene Strategien angewandt: Entweder wurde die einheimische Bevölkerung schlichtweg unterdrückt und all ihrer Rechte beraubt oder

aber man schuf Protektorate, in denen die alten Institutionen unter der Kontrolle der neuen Machthaber im Amt blieben. Das bedeutete für die regionale Führungsschicht, dass sie – nach einer gewissen Zeit – ihre Rechte wieder erlangen konnte, wenn sie bereit war, mit den neuen Machthabern zusammenzuarbeiten. Die Integration regionaler Führer wie etwa Scheiche und Stammesälteste trug zum Entstehen einer von den Kolonialmächten abhängigen Regierungselite bei, die nach dem Ersten Weltkrieg bei der Emanzipation der kolonialisierten Länder ein wichtige Rolle spielen sollte.

Die Geburt des arabischen Nationalismus

Im Lauf des 19. Jahrhunderts führte die Fremdherrschaft in Nordafrika und im Nahen Osten dazu, dass Bewegungen entstanden, die auf unterschiedliche Weise versuchten, sich den kolonialen Mächten zu widersetzen. Einige setzten auf politisches Handeln, um wieder unabhängig zu werden, andere sahen ihre Zukunft in einem verstärkten religiösen Engagement. In Ägypten, das seit 1882 von Großbritannien beherrscht wurde, fehlte eine einheimische Führungsschicht, die den Widerstand hätte organisieren können. Daher wurde der Unabhängigkeitskampf von Kaufleuten, Grundbesitzern und Kleinbürgern vorangetrieben. Im Gegensatz dazu waren es im Libanon und in Syrien die Intellektuellen, die als Erste die Frage nach der Unabhängigkeit stellten. Hier richtete sich der Widerstand aber nicht gegen einen nichtislamischen, europäischen Staat, sondern vielmehr gegen die Osmanen. Die intellektuellen Araber fühlten sich den türkischen

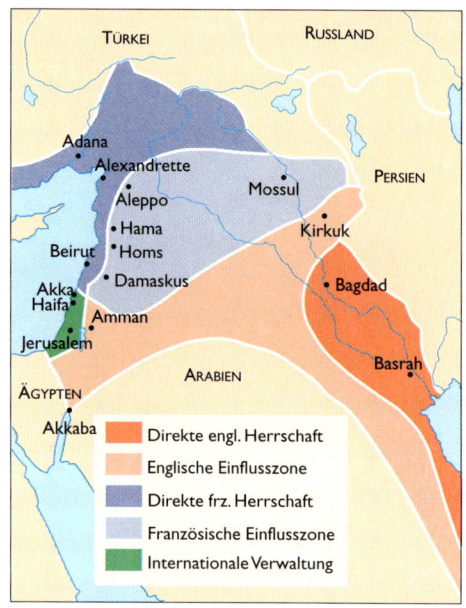

Das Sykes-Picot-Abkommen

Dieses Abkommen sah vor, dass nach dem Sieg über die Türkei Palästina, Transjordanien und Mesopotamien unter englische Kontrolle sowie Syrien und der Libanon unter französische Kontrolle gestellt werden sollten. Als dies bekannt wurde, fühlten sich die Araber respektlos behandelt.

DER »AUFSTAND DER WÜSTE«

1916 planten die Engländer einen Aufstand gegen die Türken. Dazu benutzten sie den haschemitischen Adligen Hussein. Dieser machte sich Hoffnungen, nach dem Sieg über die Türken Herrscher eines vereinten syrisch-irakischen Königreiches zu werden, zudem sollte sein Sohn Palästina erhalten. Also löste Hussein 1916 den so genannten Aufstand der Wüste aus. Doch das Sykes-Picot-Abkommen vereitelte Husseins Pläne.

Die Anführer der Beduinen

Die arabischen Stämme waren uneins und rivalisierten miteinander. Allerdings gelang es Lawrence von Arabien mit seinem Kriegsgeschick und Charisma, die Stämme zu versöhnen und sie auf den gemeinsamen Kampf gegen die Türken einzuschwören.

Lawrence von Arabien

Held des Aufstandes war der britische Agent Thomas E. Lawrence (1888–1935), der sich im Verlauf des Konflikts zunehmend mit der arabischen Sache identifizierte.

Herrschern überlegen. Diese »großarabische« Bewegung, die zumindest in ihren Anfängen mit dem Gedanken spielte, ein neues Kalifat zu bilden, stellte eine weitere Variante des arabischen Nationalismus dar. Die Europäer wussten diese Strömungen zu lenken und für sich zu nutzen und verhinderten etwa, dass Syrien – das bis 1947 unter französischer Herrschaft blieb – wirklich ein unabhängiger Staat werden konnte.

Im Irak bestimmte die englische Präsenz die politische Lage. Das Land wurde seit 1917 wie eine Kolonie regiert und erlangte erst 1958 die Unabhängigkeit.

Der Zusammenbruch des Osmanischen Reiches

Andernorts sprach man beharrlich von der großen arabischen Nation, doch in Istanbul hatten die Intellektuellen seit dem Ende des 19. Jahrhunderts vor allem die Einheit der

DIE LAGE IN DER TÜRKEI

Mit dem Vertrag von Sèvres (1920) hatten die Siegermächte erreicht, dass die Türken nach ihrer Niederlage alle nicht türkischen Gebiete abtreten mussten. Mustafa Kemal, genannt Atatürk (Vater der Türken), setzte zahlreiche Reformen durch, die alle das Ziel hatten, aus der Türkei einen Staat nach westlichem Vorbild zu machen: Er schaffte zum Beispiel das osmanische Sultanat ab, er ersetzte die arabischen Zeichen durch das lateinische Alphabet und führte ein Zivilrecht nach schweizerischem und ein Strafrecht nach italienischem Vorbild ein.

Die Griechen ziehen sich zurück

1921/22 griffen türkische Truppen die Griechen an und konnten am 9. September 1922 Izmir besetzen, das zuvor von den Griechen in Schutt und Asche gelegt worden war. Der Vertrag von Lausanne vom 24. Juli 1923 bestätigte die türkische Souveränität über die Stadt.

türkischen Nation im Sinn. Nach den Balkankriegen von 1912 und 1913 war das Osmanische zu einem anatolischen Reich geschrumpft und nach dem Ersten Weltkrieg brach es endgültig zusammen. Aus der Asche dieses Reiches entstand die türkische Nation. Geburtshelfer war vor allem Mustafa Kemal (gen. Atatürk, 1881 – 1938), der das Volk zum Kampf für die territoriale Unversehrtheit der Türkei aufrief. Kemal berief 1920 in Ankara die erste türkische Nationalversammlung ein und gründete eine stabile Republik – die Türkei –, die 1923 von der internationalen Gemeinschaft anerkannt wurde.

Die Welt nach dem Zweiten Weltkrieg

Nach 1945 änderten sich die Machtverhältnisse in der Welt von Grund auf. Der Aufstieg der beiden neuen Supermächte USA und UdSSR bedeutete das Ende der englisch-französischen Vormachtstellung

Izmir

Zunächst wurde Izmir (oder Smyrna) mit Thrakien und den osmanischen Inseln der Ägäis Italien zugesprochen. Dann allerdings erhielt Griechenland die Hoheit, das am 5. Mai 1919 Izmir besetzte und ein Blutbad unter der türkischen Bevölkerung anrichtete. Die Besetzung durch Griechenland wurde im Vertrag von Sèvres vom 10. August 1920 bestätigt.

Die türkischen Nationalisten

Als Reaktion auf den Vertrag von Sèvres und auf die daraus folgende Gefahr der Zerstückelung des Landes übernahm Mustafa Kemal das Kommando über einige von der Front heimgekehrte und noch kampffähige Truppen, organisierte den türkischen Widerstand, der von der gesamten Bevölkerung getragen wurde, und leitete den türkischen Gegenangriff ein.

über die arabischen Länder und den Beginn der Entkolonialisierung, die schließlich zur Unabhängigkeit eines großen Teiles der islamischen Welt führte. Trotzdem spielten die Kolonialmächte weiterhin eine entscheidende Rolle in den Ländern, die sie beherrscht hatten: Ohne das technische Know-how des Westens, ohne seine wirtschaftliche Hilfe wäre der Weg in die Selbstständigkeit nicht möglich gewesen. Der militärische und politische Kolonialismus hatte sich somit in eine neue Form des wirtschaftlichen Kolonialismus gewandelt, den man auch Neokolonialismus nennt. Für viele islamische Länder war der Weg in die Unabhängigkeit schmerzhaft und blutig, in Ländern wie Palästina oder Indien bedeutete er eine Tragödie unvorstellbaren Ausmaßes.

PALÄSTINA

Am 29. November 1947 stimmten die Vereinten Nationen für die Teilung Palästinas zwischen Arabern und Juden. Am 14. Mai, am Tag des Rückzuges der Engländer, wurde die Geburt des Staates Israel verkündet, gegen den die angrenzenden arabischen Staaten sofort den Krieg eröffneten.

Der Kibbuz

Die jüdischen Einwanderer erwarben von Anfang an in Palästina Land und organisierten landwirtschaftliche Gemeinschaftsbetriebe, die so genannten Kibbuzim. Das Hebräische wurde als gesprochene Sprache wieder belebt.

Die israelische Armee

Das Ergebnis des Krieges zwischen Arabern und Israelis war eine Vergrößerung des neuen Staates über die von den Vereinten Nationen vorgesehenen Grenzen hinaus, während Ägypten den Gaza-Streifen und König Abdallah von Jordanien das Westjordanland besetzte.

Die Palästinenserfrage

Das palästinensische Volk und seine geopolitische Lage wurden 1917 zu einem andauernden internationalen Problem. Damals entschied Großbritannien, die jüdische Minderheit zu unterstützen, die zusammen mit den Arabern in Palästina lebte. England erhoffte sich davon eine jüdische Unterstützung im Ersten Weltkrieg. Die darauf folgende jüdische Einwanderung rief Proteste und auch erste Gewaltakte von Arabern hervor, die sich des Landes beraubt fühlten, in dem sie seit jeher lebten. Der arabische Widerstand konnte aber den Besiedlungsprozess nicht verlangsamen.1939 lebte bereits eine halbe Million Juden in der Region. Von diesem Zeitpunkt an änderte England seine Haltung und beschränkte die Einwanderung nach Palästina. Dies wiederum führte zu jüdischen Gewaltakten gegen die Briten, denn die Juden waren inzwischen fest entschlossen, für einen israelischen Staat in

Das arabische Dorf
Viele arabische Dörfer wurden vollkommen aufgegeben.

Die Flüchtlinge
Während und nach dem Krieg von 1948 flüchteten über 750 000 Palästinenser.

Palästina zu kämpfen. Daher wurde die Lage für England unkontrollierbar. Die Kolonialmacht zog sich aus der Region zurück. 1947 beschlossen die Vereinten Nationen, Palästina in zwei Staaten zu teilen: ein Staat der Palästinenser und einer der Juden. Die Folge war ein Krieg, an dessen Ende die Juden einen Staat besaßen, der größer war als der von der UNO festgelegte, und eine Hauptstadt, Westjerusalem. Die Palästinenser waren gezwungen zu fliehen. Seither kämpft die Palästinensische Befreiungsorganisation, die PLO, für einen eigenen, unabhängigen Staat. Ihre politischen Vorstellungen sind weltlich ausgerichtet und modern, allerdings ist die Bindung an den Islam niemals abgebrochen.

In der zweiten Hälfte des 20. Jahrhunderts

Syrien und Jordanien erlangten 1945 und 1946 die Unabhängigkeit, Pakistan 1947 und Indonesien 1949. Pakistan entstand auf Grund der gewaltsamen Teilung des sich noch unter britischer Herrschaft befindlichen Indien. Pakistan wurde zum moslemischen, Indien zum hinduistischen Staat. Millionen von Menschen waren gezwungen, von einem Staat in den anderen zu gehen, unzählige Menschen wurden Opfer schrecklicher Gewalttaten in einer der größten Tragödien des 20. Jahrhunderts.

In Ägypten verstaatlichte Oberst Gamal Abd el-Nasser (1918 – 1970) den von westlichen Firmen betriebenen Suezkanal, nachdem die britischen Truppen abgezogen waren, und er wehrte erfolgreich die englisch-französischen Versuche ab, die westliche Kontrolle über den Kanal wiederherzustellen. Dem Beispiel Nassers folgte König Hussein von

DER AMERIKANISCHE ISLAM

In New York löste 1964 eine rassistisch motivierte Gewalttat weißer Polizisten eine Protestbewegung der Schwarzen in Harlem aus.

Malcolm X (1925 – 1965)

Er war der Anführer der Black Muslims. Nach einer Wallfahrt nach Mekka beschloss er, den Rassismus gegen die schwarzen Moslems zu bekämpfen. Um den kulturellen Einfluss der Weißen auf die Schwarzen öffentlich zurückzuweisen, tauschte er seinen Nachnamen Little gegen ein X aus. Wahrscheinlich wurde er wegen einer internen Auseinandersetzung zwischen schwarzen Amerikanern getötet.

Die Lage der Schwarzen

Zahlreiche Schwarze, die von den Black Muslims dazu aufgerufen worden waren, demonstrierten vor einer Polizeiwache, zu der einige Schwarze gebracht wurden, die von der Polizei verletzt worden waren. Die Black Muslims vereinten viele schwarze Amerikaner moslemischen Glaubens.

Die Polizei
In New York hatten weiße Polizisten in Harlem, dem Viertel der Schwarzen, zwei schwarze Brüder schwer verletzt. Diese wurden zur nächstgelegenen Polizeiwache gebracht.

Die Black Muslims
Sie wurden 1931 von Elijah Muhammed gegründet, der den weißen Mann für den Teufel hielt. Malcolm X gehörte ihnen zunächst an, gründete aber 1964 eine eigene Bewegung, die Muslim Mosque Inc. Mit ihnen versuchte er die islamische Religion in den Kontext der afroamerikanischen Kultur zu integrieren.

Jordanien, der die letzten britischen Offiziere aus seiner Armee entließ. Und auch der Irak durchschnitt das letzte Band zu den Briten, als 1958 König Feisal II. aus der Dynastie der Haschemiten einem Attentat zum Opfer fiel. Die Notwendigkeit einer Modernisierung der Staaten, welche die Unabhängigkeit erlangt hatten, war offensichtlich. Daher bildeten etwa Ägypten, Syrien und der Jemen 1958 die Vereinigte Arabische Republik. Eine weitere wichtige Organisation wurde 1960 gegründet: die OPEC, die Organisation Erdöl exportierender Länder. Zunächst spielte der Islam nur eine untergeordnete Rolle, doch seit den Sechzigerjahren des 20. Jahrhunderts vereinigten sich die moslemischen Länder in großen panislamischen Organisationen: die Moslemische Weltliga (1962) und die Islamische Konferenz (1969).

Die islamische Revolution im Iran

Im Iran war 1925 Resa Pahlewi Schah von Persien geworden. Er orientierte sich an westlichen Vorbildern und modernisierte Industrie, Landwirtschaft und Bildungssystem. Damit löste er jedoch heftige innere Widerstände aus, die ihn 1941 zum Rücktritt zwangen. Doch seinem Sohn Schah Mohammed Resa gelang es, den Kurs seines Vaters fortzusetzen. Er blieb bis 1979 an der Macht und trieb die Modernisierung des Irans rasch voran. Er wollte den Lebensstandard der westlichen Industrienationen auch für sein Land erreichen. Doch diese Erneuerung stieß – wie schon bei seinem Vater – auf den Protest vor allem der religiösen Führungsschicht der Ulemas. Ihnen gelang es, die Menschen gegen den Schah zu mobilisieren. Das war nicht sehr

Khomeini und die Schiiten
Die Anführer der Revolution waren die Imame. Ein Gelehrter der Madrasa Faiziya in Kum, Ajatollah Khomeini, war ins Exil verbannt worden und leistete dort einen entscheidenden Beitrag zum Widerstand gegen die Herrschaft des Schahs.

Moslemische Gebiete

Gebiete mit bedeutenden moslem. Minderheiten

Sunniten   Schiiten

Die Moslems auf der Welt

Schätzungen zufolge gibt es im Jahr 2000 über eine Milliarde gläubige Moslems. Sie leben in einer Zone, die sich vom Maghreb bis nach Indonesien erstreckt und nach Zentralafrika, Zentralasien und auf den Balkan ausgreift. Daneben leben Moslems in Westeuropa und in den USA.

DER IRAN

Die Iranische Revolution von 1978/79 hat einen Großteil der Spuren des westlichen Einflusses ausgelöscht. Das islamische Gesetz, die Scharia, erhielt wieder seine Gültigkeit. Zum Beispiel wurde Alkohol verboten.

Die Scharia

Das moslemische Gesetz wurde für die ganze Bevölkerung verbindlich. Es schreibt zum Beispiel den Frauen vor, den Tschador zu tragen.

DIE STAATSCHEFS
IN LAHORE

Das Bild zeigt einige der mächtigsten Teilnehmer am islamischen Gipfel von Lahore in Pakistan, der 1974 stattfand: von rechts König Feisal (Saudi-Arabien), Muammer al Gaddafi (Libyen), Zulifkar Ali Bhutto (Pakistan), Saddam Hussein (Irak).

Zulifkar Ali Bhutto
(1938–1979)

Er war seit 1972 Präsident der Republik Pakistan. 1974 erkannte er die Unabhängigkeit Bangladeshs an. Er wurde von General Zia ul-Haq abgesetzt und 1979 hingerichtet.

Saddam Hussein

1979 wurde er Generalsekretär der weltlich ausgerichteten Baath-Partei sowie Regierungs- und Staatschef. Unter seiner Führung versuchte das Land zur größten militärischen Macht der Region zu werden. Von 1980 bis 1988 kämpfte der Irak gegen den Iran, 1990 besetzte er Kuwait und verlor 1991 den darauf folgenden Golfkrieg.

schwierig, denn in den Siebzigerjahren war der Lebensstandard erheblich gesunken. Die Monarchie verlor den Machtkampf und musste einem islamischen Staat weichen, der auf der Scharia basiert.

Ausblick

Die Islamische Revolution im Iran hat gezeigt, wie tief die Wunden sein können, die den islamischen Gesellschaften durch die westliche Kolonisation zugefügt wurden. Hinzu kommen die enormen Schwierigkeiten des Übergangs- und Modernisierungsprozesses, mit denen die Führungsschichten konfrontiert werden. Dem Schah Resa Pahlewi von Persien war es nicht gelungen, eine Antwort auf die antiwestliche Stimmung sowie einen Ausgleich zwischen Modernisierung und Tradition zu finden und die

Muammer al Gaddafi (1942)
Er war der Anführer des Staatsstreichs von 1969 gegen

König Idris I.
Seit 1970 ist er Premierminister Libyens, seit 1977 Staatschef.

König Feisal
Er herrscht über Saudi-Arabien, Land der heiligen Stätten des Islams und Gründungsmitglied der Arabischen Liga. Das Land nimmt bei Spannungen innerhalb der islamischen Welt oft eine vermittelnde Rolle ein.

Wandlung auf harmonische Weise zu vollziehen. Das waren Probleme, die nicht nur die Pahlewis betrafen. In vielen anderen Ländern ist die islamische Frage – auf weniger dramatische Weise – offen: In China und in Russland übt der Islam nach wie vor eine große Anziehungskraft aus und europäische Länder wie Frankreich oder Deutschland versuchen seit langem, religiöse, soziale und kulturelle Probleme zu lösen, die durch die Immigration aus islamischen Ländern entstanden sind. Für andere Länder stellen sich diese Fragen erst seit wenigen Jahren. Wichtig ist es vor allem, den Islam nicht mit einigen radikalen Strömungen zu verwechseln – etwa der Islam extrem traditioneller Prägung Saudi-Arabiens oder der fundamentalistische im Iran –, Strömungen, die in der großen islamischen Welt nur eine Minderheit darstellen.

Register

123

Bildnachweis

Die Illustrationen in diesem Band wurden vom Verlag DoGi S.p.a., Florenz in Auftrag gegeben, der auch die Rechte daran hält.

ILLUSTRATIONEN:
Alessandro Baldanzi: 26-29, 32f, 36-41, 46-51, 58f, 66f, 76f, 80f, 88f, 92-95, 102f; Giovanni Ballati: 18f, 70f, 74f, 96f, 104f, 108-111; Alessandro Bartolozzi 78f (Karte Afrikas); Mirko Benedetti: 100f, 112-115; Riccardo Bogani: 8f, 78f (Einzelszenen), 86f; Lorenzo Cecchi: 30f; Tommaso Gomez: 64f, 116-121; Francesco Lo Bello: 34f, 52; Giovanni Meroi: 6f, 10f, 16f, 22-25, 42f, 106f; Andrea Ricciardi: 44f, 56f, 72f; Giacomo Soriani: 12f, 54f, 62f, 68f.

REPRODUKTIONEN UND DOKUMENTE:
Der Verlag DoGi hat sich bemüht, eventuelle Rechte Dritter ausfindig zu machen. Im Falle von Auslassungen oder Fehlern entschuldigt sich der Verlag und erklärt sich bereit, eventuelle Änderungen in weiteren Auflagen einzufügen.
Der Verlag dankt Frau Liliana Ferrante für ihre Mitarbeit.
Fotoagentur Luisa Riaaciarini, Mailand: 46M, 102; Verlagsarchiv DoGi, Florenz/Foto Lucio Ghilardi, Lucca: 85; Archiv IGDA, Mailand: 55o u. u; Arnold Arboretum, Harvard Universitiy, Cambridge, Massachusetts: 77; Nationalbibliothek Paris: 100l, 13, 15ul, 20f, 21or, 29, 61ul u. ur; British Library, London: 98ul; British Museum, London: 66; Universitätsbibliothek Edinburgh: 19ol; Kunstedition Albert Skira: 57; Erwin Böhm, Mainz: 99ul; FoggArt Museum, Hardvard University, Cambridge: 61ur; Foto Ara Güler: 82; Galerie J. Soustiel: 60l; Henri Stierlin, Genf: 60r; Jane Taylor, Sonia Halliday Photographs. Weston Turville, England: 73; Jean Mazenod: 35; Jean-Loup charmet, Paris: 15ol; John Brennan, Oxford: 98f (Architekturzeichnungen); Josephine Powell, Rom: 98ur; Metropolitan Museum of Art, New York: 48; Roland und Sabrina Michaud, John Illelson Agency, London: 99ur; Roland und Sabrina Michaud, Paris: 19Mr, 74; Scode/S. Ventimiglia: 17, Sonia Halliday, London: 14; Staatsbibliothek Preußischer Kulturbesitz, Belrin: 90f; The Freer Gallery of Art, Washington: 68; The National Maritime Museum, Greenwich, London: 53o u. u; Universität Edinburgh: 15Mr.

COMPUTER-BEARBEITUNG:
Duccio Mannucci: 37, 41, 46o, 80f, 84, 108, 119; Sansai Zappini: 41or.

ABKÜRZUNGEN:
o= oben, u = unten,
r = rechts, l = links, M = Mitte,
f = und folgende Seite

(*Info*)OMNIBUS

bringt die großen Themen der Menschheit –
in spannenden Texten und bis ins Detail genauen Illustrationen.

Sommer 2000

Die Geschichte der Griechen
ISBN 3-570-20740-4

Die Geschichte der Entdecker
ISBN 3-570-20741-2

Die Geschichte der Wirtschaft
ISBN 3-570-20742-0

Die Geschichte der Ägypter
ISBN 3-570-20743-9

Die Geschichte des 20. Jahrhunderts
ISBN 3-570-20744-7

Die Geschichte der Technik
ISBN 3-570-20745-5

Dezember 2000

Die Regeln der Natur
ISBN 3-570-20746-3

Die Geschichte der Renaissance
ISBN 3-570-20747-1

Das Weltall
ISBN 3-570-20748-X

Die Entwicklung des Lebens
ISBN 3-570-20749-8

Die Vorgeschichte
ISBN 3-570-20750-1

Der Islam
ISBN 3-570-20751-X

Weitere Bände sind in Vorbereitung.

Jeder Band ist eine deutsche Erstausgabe,
durchgehend mit farbigen Abbildungen, 128 Seiten.